JN012080

出口式 はじめての論理国語 小2レベル

改訂版

出口 汪

本書が「レベル」という名称を用いている理由について

言語は総じて発達における個人差が大きいので、学年ごとの輪切り形式で学習することに本来適していないのです。そこで本書は基礎からステップを踏んで上達するために、〇年生用の本としてではなく、無学年制を採用しています。

水王舎

もくじ

※青い字は、保護者の方向けのページです。

はじめに

本書は「はじめての論理国語」を全面的に改訂した、まさに「出口式小学国語」の集大成であり、また同時に進化版でもあります。

「本書の特色」

脳を育てる教材

子どもの脳は一般的に十二歳までに完成すると言われています。すると、中学生以上にはすでに完成された脳に対して教育をするということです。それに対して、小学生のそれは脳をデザインする教育といえます。そのような大切な時期に膨大な知識を詰め込もうとすると、自分で考えず、誰かの答えをただ無批判に受け入れるだけの脳になってしまいます。

ＡＩがなかった時代ならば、物知りや計算力のある人が役に立ちましたが、今や記憶しなくても検索すればおしまい、ましてや、計算は既にコンピュータの仕事となってしまいました。お子さんが将来の世の中で活躍する頃には、今とはまるで違う社会になっています。当然、その時代に必要な能力は、今とは大きく異なります。

本書では、ＡＩ時代に活躍できるための武器となる、自分で論理的に考える力を養っていきます。

今こそ論理国語を

高校では「論理国語」という新科目が登場しました。そうした科目名が正式に決まったということは、国語とは論理の教科だということが国の方針として決定されたということです。

あまり知られていないことですが、小学校の国語も論理国語なのです。ただ、小学生には「論理」という言葉がまだなじめないので、単なる「国語」という科目名であるだけなのです。普通に考えれば、小・中学校が文学鑑賞中心の国語で、高校だけが論理国語といった一貫性のない方針を文部科学省が立てるはずもありません。本書は小学一年生レベルから、一貫して国語を論理的な科目として体系だって学習していきます。

新傾向の入試問題対策

大学の共通テストを始め、公立高校の入試問題においても、最近は従来の読解一辺倒のものから大きく様変わりしてきました。一度、入試問題をご覧になったなら、びっくりされると思います。本書もそうした傾向を先取りして、思考力問題、資料問題、ロジカルライティング、クリティカルシンキングなど、新しい問題を豊富に取りそろえています。実は、これらはすべて論理力が前提となっているのです。小学生の頃から、こうした論理力を体系的に学び、身に付けることで、将来、入試問題が解けるだけでなく、小論文や面接においても大いに威力を発揮します。

「森の学校」のキャラクター

学びは楽しくないと意味がありません。なぜなら、生涯にわたって学ぶことが好きな子どもを育てたいからです。そのための仕掛けとして、魔法を教える「森の学校」の生徒たちといっしょに学ぶという設定にしました。

先生は、魔法使いのリンゴ先生です。リンゴが先生だというだけで、子どもたちはわくわくするのです。リンゴ先生が魔法を使って、フクロウ、ミミズク、タヌキ、ウサギ、リスを生徒に変え、授業をします。本書を執筆するときは、いつも子どもたちの喜ぶ顔を想像して、キャラクターたちを動かしています。

●無学年制

本書は無学年制を採用しました。なぜなら、小学校低学年頃まで、言語の習得には個人差が大きいからです。本書は便宜上該当学年を表紙に明示していますが、決して学年にこだわる必要はありません。子どもがわかるところからスタートすればいいのです。たとえ下の学年からスタートしたとしても、その子にとっては簡単なので、速習でどんどん上のレベルまで進むことができます。国語が苦手なお子さんでも、一から学習していくので、必ず得意になるはずです。逆に、得意なお子さんなら、どんどん先の学年まで進んでいってください。好奇心が旺盛なこの時期こそ、新しいことをどんどん吸収していくはずです。

子どもは自分の教育を自分で選択することはできません。子どもの教育を決定するのは親の責任です。しかし、その結果を負うのは子ども自身なのです。

ぜひ、本書によって、子どもたちを新しい方向へと導いてください。

出口　汪

論理とは何か

日本語の論理は次の四つの柱から成り立っています。

・イコールの関係
・対立関係
・因果関係
・文の要点（主語・述語・目的語の関係）

日本人は無意識的にこの論理を使って、自分の言いたいことを相手に伝える習性を持っています。この無意識的な習得プロセスを、本書では意識的に習得していきます。

イコールの関係

組み合わせの妙が主張の説得力を増す

まずは、次の文を読んでください。

野球部のエースで四番のゆうた君は、夏の水泳大会で新記録を出し、秋には運動会のリレーで五人抜きの大活躍を見せた。

ゆうた君の活躍ぶりを具体的に淡々とつづった文章ですが、締まらない印象を受けますね。では、次の文章はいかがでしょう。

ゆうた君はスポーツ万能だ。

こちらは短すぎて、どれだけすごいのかが伝わりません。では、二つを組み合わせるとどうなるでしょうか。

野球部のエースで四番のゆうた君は、夏の水泳大会で新記録を出し、秋には運動会のリレーで五人抜きの大活躍を見せた（具体）。
つまり、彼はスポーツ万能なのだ（抽象）。

明快に筆者の意図が伝わるようになりました。この文章では「具体」と「抽象」という二つの部分から構成されています。

このように私たちは、無意識のうちに「具体例」と「抽象的な主張」を組み合わせて使うことにより、より相手に対してわかりやすく伝えようとする習慣があるのです。

言い換えると、「具体」と「抽象」を使ってわかりやすく伝えようとする「論理」が日本語には内在しているのです。

この組み合わせの妙が日本語表現の特徴です。そしてこの関係は入れ替えることも可能です。

ゆうた君はスポーツ万能だ。（抽象）

たとえば、野球部ではエースで四番だし、夏の水泳大会では新記録を出した。さらに秋には運動会のリレーで五人抜きの大活躍を見せたのだ。（具体）

こちらの文章も伝わりやすいですね。

この二つの文を図に表すと、次のようになります。

・野球部のエースで四番
・水泳大会で新記録
・運動会のリレーで五人抜きの活躍

＝（つまり）

ゆうた君は**スポーツ万能**だ。

ゆうた君は**スポーツ万能**だ。

＝（たとえば）

・野球部のエースで四番
・水泳大会で新記録
・運動会のリレーで五人抜きの活躍

この「イコールの関係」を理解すると、説明文の読解で筆者の主張を読み取ったり、比喩表現や引用文による言い換えを見抜く力が飛躍的に向上します。

本書では、具体―抽象の操作の第一歩として、言葉の仲間分け（→18ページ）から学習していきます。

論理とは何か 2

対立関係

鮮烈な対比が主張の印象を増す

次は対立関係です。

私のテストの点は六〇点でした。

この文を読んだだけでは、私の成績が良いのか悪いのか、よくわかりません。ただ、点数だけを記した淡々とした描写ですよね。では、似たような一文を付けてみましょう。

浜田君は一〇〇点満点でした。しかし、私のテストの点は六〇点でした。

たった一文が付加されただけなのに、なんだかすごくみじめな成績をとったように思えてきませんか。

これが対立関係という論理です。二つの文や段落をわざと比べる形で置き、片一方の印象を際立たせるためのテクニックを私たちは無意識的に使っているのです。

では、次の例を見てください。

日本人の平均寿命は八十五歳だ。

と聞いた場合と、

今も内戦が続くアフリカ・ソマリア人の平均寿命は五十歳だと聞いた。
それに対して、日本人の平均寿命は八十五歳だ。
長年の平和と豊かさが、日本を世界一の長寿大国に押し上げたのだ。

と聞いた場合を比べるとどうでしょう。多くの人は「平和な日本人はなんて長生きなんだろう」と思うのではないでしょうか。

これら二つの対立関係のカギは、「しかし」と「それに対して」。ここでも接続語が目印になるのです。図に表すと次のようになります。

浜田君は一〇〇点満点でした。

 しかし

私のテストの点は六〇点でした。

今も内戦が続く、アフリカ・ソマリア人の平均寿命は五十歳だと聞いた。

↔ それに対して、

日本人の平均寿命は八十五歳だ。長年の平和と豊かさが、日本を世界一の長寿大国に押し上げたのだ。

このように、比べることによって「言いたいこと」を強める「対立関係」。本書ではその第一歩として、反対ことば（→24ページ）から対立関係を習得していきます。

論理とは何か 3

因果関係

新しい時代の論理の中心

因果関係とは、次の例文のように「原因と結果」を示す関係のことです。

昨日から歯が痛い。（原因）だから、今日は歯医者さんへ行った。（結果）

今日、私は歯医者さんへ行った。（結果）なぜなら、昨日から歯が痛かったからだ。（原因）

因果関係は一見簡単そうに見えますが、実は間違いやすく、要注意の関係です。

次の例を見てください。

アイスクリームの売り上げが伸びたときは、熱中症になる人が増えるというデータがある。だから、アイスクリームを食べると熱中症になるのだ。

「データがある」と書いてはいるものの、明らかに論理的におかしい文章ですね。

アイスクリームを食べたから熱中症になるのではなく、暑いからアイスクリームの売り上げが伸び、暑いから熱中症になる人が増えたわけです。つまり、この二つはどちらも「暑い気温」の結果であって、アイスクリームを食べることと熱中症になることは原因・結果の関係にありません。

このような原因・結果の関係を正しく読み取ったり、表現したりする力は、これからの時代に最も必要になってきます。たとえば、入試において年々比重を増す小論文や面接におけるディベート、仕事のプレゼンテーションで自分の主張をしっかり言える能力、また、メディアの報道などに対するクリティカル・シンキング――批判的な視点で自分の頭で考える能力――につながるからです。

この力を鍛えるカギは、子どもに「なぜ?」という問いかけを積極的にすることです。

欧米では、「because ~」から始まる理由をきちんと言える人が「logical」だと称賛されます。文化背景の異なる人々が住む多民族国家では、しっかりと理由が言えないと相手に意思が通じませんから、子どものころから訓練させられるのです。

日本では対照的に、「理由は言わず、察しろ」という文化です。そして、ここに日本人の論理性の発達を妨げる大きな障害があったのです。

いま、日本の学校教育では、「なぜ」という発問は非常に生徒にとって難易度が高いものであり、タブー視すらされています。しかし、それは単純に訓練不足が理由です。その証拠に論理エンジンで大きな成果を上げている学校の先生ほど、「なぜ」の発問を多用します。

「なぜなら~だからです。」と答えるためには、「なんとなく思った」ではなく、しっかりとした理由が必要になります。そして、この力を磨かない限り、いつまでもセンス・感覚で「なんとなく」国語を解き続けることになるでしょう。

本書ではこの因果関係を「だから」と「なぜなら」(→28ページ)、クリティカル・シンキングの問題(→122ページ)として扱っています。

主語と述語

文の要点をとらえる

日本語の特性として、一文のポイントは必ず主語・述語に来るようにできています。私たちは無意識的にその規則性を踏襲しているのです。特に述語に最も言いたいことが来ます。私は言葉の規則性に着目し、主語・述語を「文法」としてではなく、「文の要点」を見抜くためのツールとして教えています。

例題の要点は次のようになります。

主語	述語
鳩時計が	鳴り出した。

もし、「かわいらしい音色」を強調したいなら、筆者は「ふいに鳴り出した壁の鳩時計はかわいらしい音色だっ

まずは、この問題を解いてみてください。

ふいに壁の鳩時計が、かわいらしい音色で鳴り出した。

【問】この文でいちばん言いたいことは何ですか。

みなさん、答えられましたか。ある中学校で出題したところ「かわいらしい音色」と答えた生徒が半数以上を占めました。多くの生徒が「かわいらしい」という表現に引きずられて、なんとなく解答してしまったのでしょう。

【論理】「文の要点」とは主語・述語であり、特に述語に強調したいポイントが来る。

た」と、述語として表現したはずです。

「文の要旨」を把握させる問題は、入試で非常によく出題されます。一文が集まって段落となり、その段落が集まって文章全体が構成される以上、一文レベルで間違った要点をつかむようでは、全体の要旨の把握までは決してたどり着けないでしょう。

【答え】鳩時計が　鳴り出した

さて、低学年の子どもに文の要点（述語の重要性）を習得させるには、日常生活で、きちんとした一文を意識して話すことが近道になります。

「おやつ」とか「ジュース」などと、単語で欲しいものを伝えたり、「ママ、おしっこ」などの二語文で話したりしたとき、「わたしはおやつが食べたい、だよね」「ぼくはジュースを飲みたい、って言おうね」と、文の要点――主語・述語（・目的語）を、お母さんが話して、意識させるようにしてください。文の要点の把握・認識は、外国語の習得をはじめ、すべての言語能力の基礎となる重要なスキルです。

主語	目的語	述語
わたしは	おやつが	食べたい。
ぼくは	ジュースを	飲みたい。

本書では文の成り立ち（↓30ページ）、文の構造の理解（↓38ページ）で徹底的に主語・述語を見抜くトレーニングをしています。

各ステップの学習目的

明確な目標とゴールイメージを持って取り組むことで、学習効果はぐんと上がります！

● 読む力　● 書く力　● 話す力　● 思考力

どのステップでも、上の４つの力をつけることができます。この表には、とくに身につけることを目標にした力を記しています。

	ステップ	目標	身につく力	学習日
1	具体と抽象	「イコールの関係」を正しく理解するとともに、「つまり」と「たとえば」を適切に使って、具体・抽象の言いかえをすることができる。	● 読む力 ● 書く力 ● 話す力	月　日～　月　日
2	対立関係	「対立関係」を正しく理解するとともに、「それに対して」を適切に使って、反対の意味の文を作ることができる。	● 読む力 ● 書く力 ● 話す力	月　日～　月　日
3	因果関係	結果に対して何らかの理由があることを知る。また、原因と結果の関係を「だから」「なぜなら」で表せることを理解する。	● 書く力 ● 話す力 ● 思考力	月　日～　月　日
4	文の成り立ち	一文における主語と述語と目的語の役割を理解することができる。	● 読む力 ● 書く力	月　日～　月　日
5	文の構造の理解	少し長い一文の中から、主語と述語と目的語を適切に認識することができる。	● 読む力 ● 書く力	月　日～　月　日
6	修飾語	「どんな」や「どれくらい」など、修飾する言葉を理解するとともに、言葉のつながりを認識することができる。	● 読む力 ● 書く力	月　日～　月　日
7	助詞	言葉と言葉をつなぐ助詞の役割を理解し、適切に使うことができる。	● 読む力 ● 書く力	月　日～　月　日

8	助動詞	助動詞が添えられると新たな意味が付加されることを理解し、それを活用することができる。	● 読む力 ● 書く力	月　日～　月　日
9	文の要点の理解	一文の要点が、主語と述語であることを把握し、必要に応じて目的語を加えることにより、要約文を作ることができる。	● 読む力 ● 書く力	月　日～　月　日
10	接続語	文と文の三つの関係（イコールの関係、対立関係、因果関係）を把握し、＝、↔、←、→の記号に応じた接続語を適切に当てはめることができる。	● 読む力 ● 書く力 ● 話す力	月　日～　月　日
11	指示語の理解	指示語（こそあど言葉）を理解し、適切に使用できるようになるとともに、指示語が指すもの（指示内容）を正しく読み取ることができる。	● 読む力 ● 書く力	月　日～　月　日
12	5W1H	5W1Hを意識することにより、必要な情報を適切に読み取ると同時に、伝えることができる。	● 読む力 ● 書く力	月　日～　月　日
13	説明文の読解	文の話題をつかむとともに、筆者の意見やその理由などを適切に読み取り、説明文を正解に読めるようになる。	● 読む力 ● 思考力	月　日～　月　日
14	物語文の読解	登場人物や場面の様子を適切に把握するとともに、動作やセリフ、状況から、登場人物の心情を読み取る。	● 読む力 ● 思考力	月　日～　月　日
15	比較問題	二つのものごとの特徴をとらえ、表に整理することで、相違点や一致点を明確にすることができる。またそれを文章に表せるようにする。	● 書く力 ● 話す力 ● 思考力	月　日～　月　日
16	作文の基礎	意見に対して、「なぜなら～から」という文言を使うことにより、理由を適切に述べることができる。	● 書く力 ● 話す力 ● 思考力	月　日～　月　日
17	クリティカル・シンキングの問題※	因果関係が明確な理由を考えることができる。課題に対して、「賛成」「反対」の両方の立場で考え、その理由を自分で考えて適切に記述することができる。	● 思考力	月　日～　月　日

※ 誰かの言葉を鵜呑みにせず、自らの頭で物事を深く分析して多角的に捉え、最適の解決策を導きだす生きた思考力のこと。

1-1

なかまのことば

ことばのカードをなかまに分けました。どんななかまに分けたかわかりますか？

わたしたちはいろいろなものを、ことばでせいりしています。たくさんのことばを一つのことばであらわしたり、一つのことばをたくさんのことばにしたりできます。

「馬」「クマ」「トラ」「ライオン」はぜんぶどうぶつのなかまですね。また、「こう茶」「コーヒー」「牛にゅう」「ジュース」はぜんぶのみものです。

このように、一つひとつのことばをまとめてあらわすことばがあります。

まとめるときは「つまり」をつかい、なかまになるものをあげるときは「たとえば」をつかいます。

「馬」「クマ」「トラ」「ライオン」
つまり
「どうぶつ」

「どうぶつ」
たとえば
「馬」「クマ」「トラ」「ライオン」

れんしゅう①

上のカードのことばをまとめると、どんなことばになりますか。［　］にあてはまることばを書きましょう。

ひこうき	チューリップ
バス	バラ
電車	ゆり
自てん車	ひまわり
↓	↓
［　］	［　］

空いているカードには、たとえばどんなものがありますか。あてはまることばを書きましょう。

スポーツ	文ぼうぐ
↓	↓
テニス	じょうぎ
水えい	えんぴつ
マラソン	はさみ
［　］	［　］

おうちのかたへ

慣れたら次のページのような表にまとめて、具体・抽象のイメージをつかむとともに、いろいろなものを表にまとめて、世界が言葉で整理できることを理解しましょう。

1

本

どうわ

地図(ちず)

魚図かん(さかなずかん)

世界地図(せかいちず)

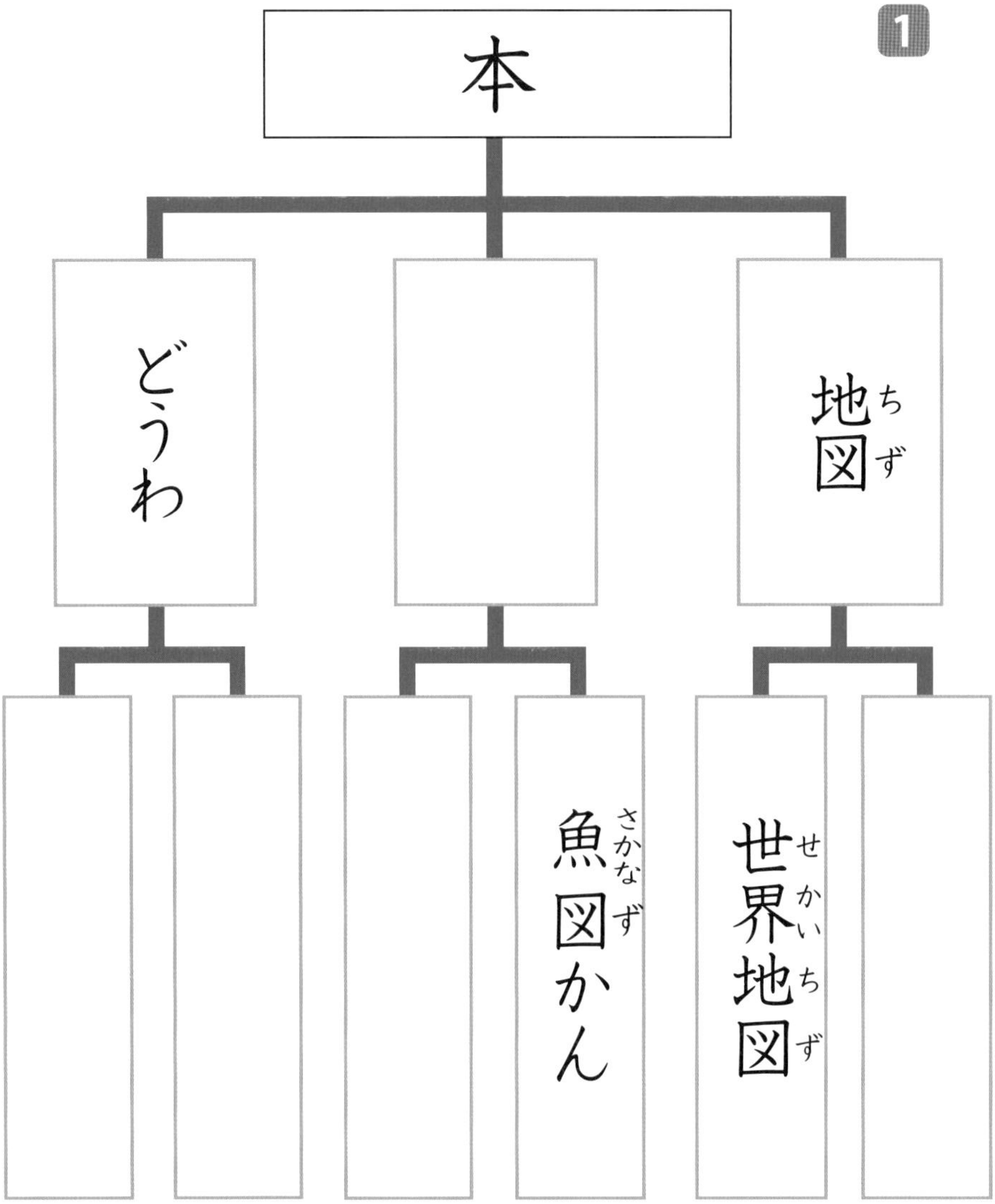

本のカードをならべて、図(ず)をかんせいさせます。
あてはまることばをわくの中に書(か)きましょう

白ゆきひめ(しらゆきひめ)　図かん(ずかん)

どうぶつ図かん(どうぶつずかん)　シンデレラ

日本地図(にほんちず)

2

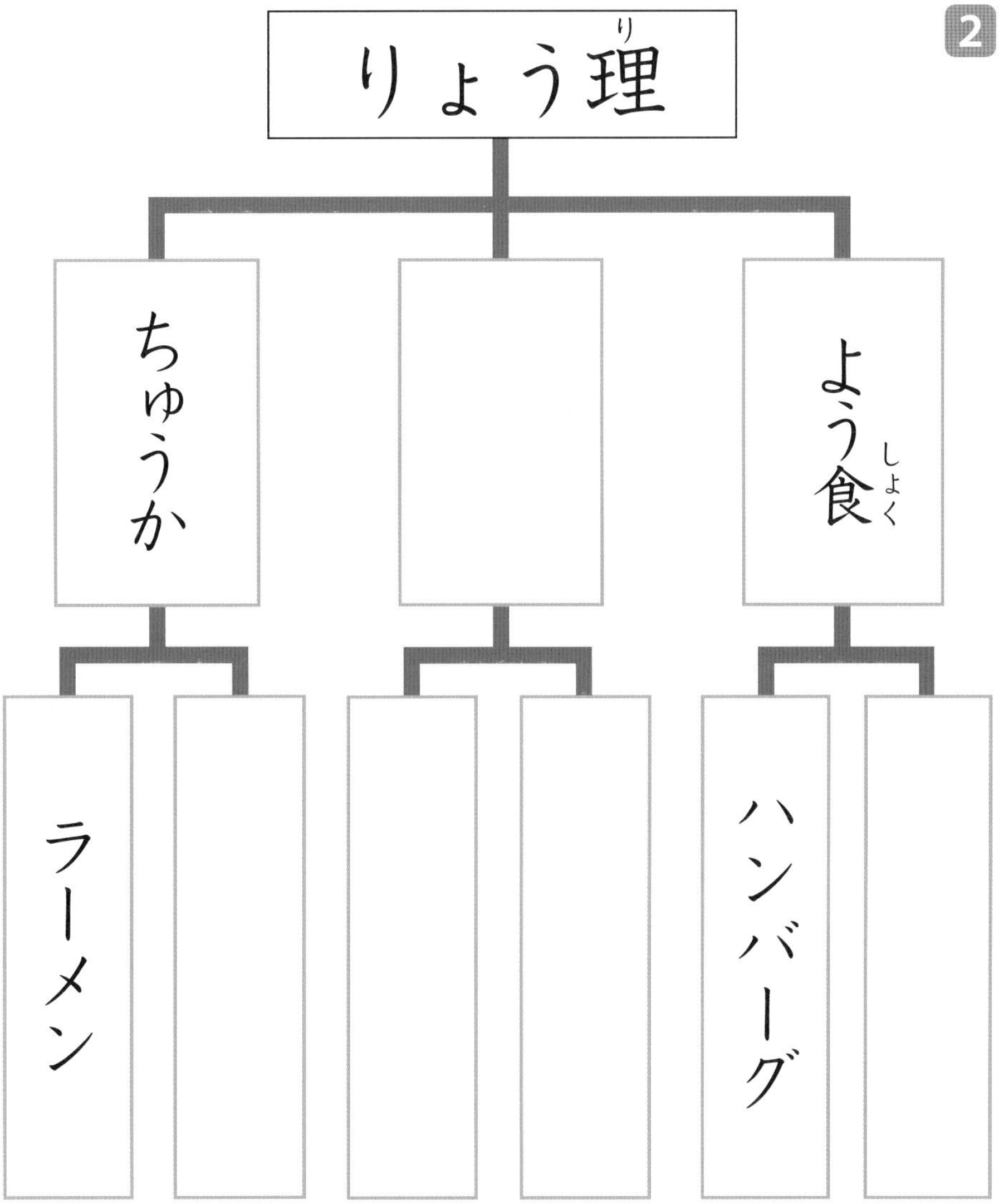

りょう理

ちゅうか
ようしょく食

ラーメン
ハンバーグ

りょう理のカードをならべて、図をかんせいさせます。あてはまることばをわくの中に書きましょう。

わ食	みそしる
チャーハン	スパゲッティ
おすし	

おうちのかたへ

このように身の回りのものを整理して図にまとめると「具体・抽象」の概念がより理解できるようになります。また、ピラミッドの図を作成することで、「地図」は「本」の具体例ですが、「世界地図」に対しては抽象であり、具体と抽象は相対的であることが体感できます。

なかまのことば

れんしゅう③

1 つぎの文しょうの ―― のことばは、何(なん)のことでしょう。「れい」のようにして書(か)きましょう。

れい 学校では、いろいろな生きものをかっています。たとえば、ウサギやメダカです。

ウサギ

メダカ

学校の先生は、たくさんのしごとをもっています。たとえば、じゅぎょうをすること、プリントを作(つく)ること、家(か)ていほうもんなどです。

2 つぎの文しょうの ―― のぶぶんをまとめると、[　　] のことばになります。「れい」のようにして、あてはまることばを書きましょう。

れい

ぼくは、[　　] をとるのがすきです。たとえば、夏休みには、バッタ、トンボ、セミをつかまえました。

虫（こんちゅう）

わたしは、家で [　　] をたくさんしたいと思います。たとえば、ごはんのときにおさらをかたづけたり、ゴミを出したり、新聞をとってきたり、犬小屋をそうじしたりすることです。

[　　　　]

おうちのかたへ

文章の中で、具体・抽象を探す問題です。「たとえば」という接続語に着目します。「たとえば」の前に書いてあることが抽象、後に書いてあることが具体です。

2-1

はんたいのことば

あることばと、はんたいのいみになることばがあります。はんたいのことばは二ついっしょにおぼえておくとよいですよ。

ミミちゃんとフクちゃんのことばを文にあらわすと、つぎのようになります。

ゾウは大きい。
それにたいして、
小鳥は小さい。

「大きい」と「小さい」ははんたいのいみのことばです。そして、はんたいのいみの文と文のあいだには、「それにたいして」ということばが入ります。

夏はあつい。
それにたいして
冬はさむい。
ということね。

れんしゅう①

上の［　］のことばと、はんたいのことばを書(か)きましょう。

① 話(はな)す のはんたいは ［　　］

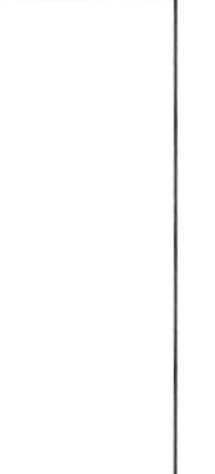

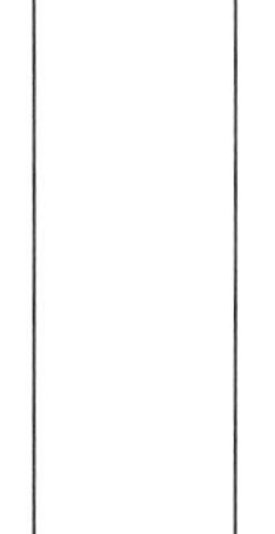

② おきる のはんたいは ［　　］

③ うれしい のはんたいは ［　　］

④ 多(おお)い のはんたいは ［　　］

おうちのかたへ

対立関係を学ぶために、まずは単語単位で反対の言葉が言えるように練習をしましょう。反対の言葉がすらすら言えるようにすると、語彙量を格段と増やすことができます。

はんたいのことば

れんしゅう②

つぎの［　］にあてはまることばを書きましょう。

①　朝になるとおきる。
それにたいして、
夜になると［　　　　］。

②　お金を出すと、ちょ金はへる。
それにたいして、
お金を入れると、ちょ金は［　　　　］。

③　子ども用のプールはあさい。
それにたいして、
大人用のプールは［　　　　］。

④　大きい石はおもい。
それにたいして、
小さい石は［　　　　］。

⑤ ビッキーは走(はし)るのがはやい。
それにたいして、
ノンタは走(はし)るのが［　　　］。

⑥ 家(いえ)から学校は近(ちか)い。
それにたいして、
家(いえ)から公園(こうえん)は［　　　］。

⑦ 国語(こくご)がすきです。
それにたいして、
算数(さんすう)は［　　　］。

⑧ 牛(うし)は草を食(た)べる。
それにたいして、
ライオンは［　　　］。

おうちのかたへ

何と何を対比させているのかをしっかりと意識できるようになることが大事です。これは比較を使った説明的文章を読み取る基礎となります。

3‥1

「だから」と「なぜなら」

なにかがおきたとき、それには理ゆうがあります。二つの文で理ゆうが前にあるときは「だから」、「後ろ」にあるときは「なぜなら」でつなぎます。

フクちゃんがミミちゃんにたん生日プレゼントをあげました。

←［　　］

ミミちゃんはとてもよろこびました。

ミミちゃんはとてもよろこびました。

？［　　］

フクちゃんがミミちゃんにたん生日プレゼントをあげたからです。

ミミちゃんがよろこんだことが先になっています。

理ゆうが前にあるから［　　］には、「だから」が入るね。矢じるしは←だ。

では、こうなったら、どうかしら？

ミミちゃんはとてもよろこびました。

⇒［なぜなら］

フクちゃんがミミちゃんにたん生日プレゼントをあげたからです。

あ、理ゆうが後ろにあるから、矢じるしがはんたいになった！ことばは「なぜなら」なのね！

れんしゅう

つぎの□にはあてはまる→←の記ごうを、［　］には「だから」か「なぜなら」を書きましょう。

① ぼくは、えんぴつをおとしてしまいました。
□［　］
しんがおれてしまいました。

② フクちゃんは、今日ずっと家にいました。
□［　］
かぜをひいてねつが出てしまったからです。

おうちのかたへ

「だから」と「なぜなら」を区別する問題は、どちらが原因で、どちらが結果なのかをおさえられれば簡単に解けるようになります。

4-1 主語とじゅつ語

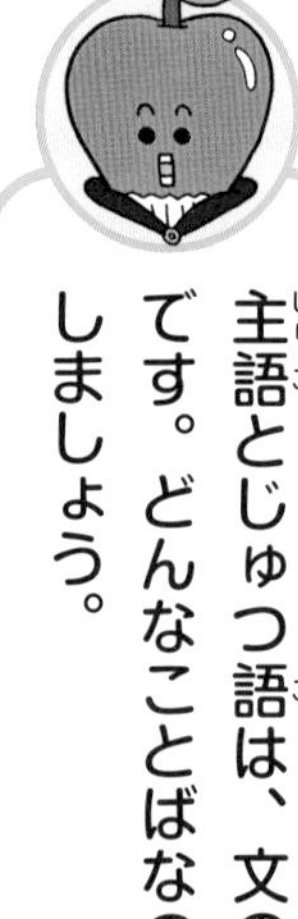

主語とじゅつ語は、文のはしらのようなものです。どんなことばなのか、しっかり理かいしましょう。

左の文の「～が・～は」をあらわすことばに　のしるしを、「どうする」「どんなだ」をあらわすことばに　のしるしをつけました。

だれが　　　　どうする

フクちゃんが　とぶ　。

えっ！
とべるの？

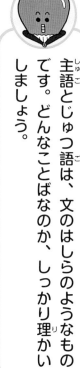

「フクちゃんが」のように　でかこまれることばを主語といいます。主語は、文の主、つまり主人となる「人・もの」をあらわします。

そして、「とぶ」のように　でかこまれることばをじゅつ語といいます。

じゅつ語は、主語がどんなうごきをしたか（→「どうする」）、どんなようすか（→「どんなだ」）、何であるか（→「何だ」）のように、主語のうごきやようすなどをせつ明することばです。

左の文の主語とじゅつ語にも、同じようにしるしをつけてみました。

だれが
ミミちゃんが
どうする
歌う。

そしてじゅつ語は「どうする」のことばだから、「歌う」です。

4・・1

主語とじゅつ語

れんしゅう

左の文の「〜が・〜は」をあらわすことば（主語）に◯のしるしを、「どうする」「どんなだ」「何だ」をあらわすことば（じゅつ語）に□のしるしをつけましょう。

①

ふじ山は　高い。

②

お父さんは　先生だ。

③

ミニトマトが　たくさん　できた。

④

ミミちゃんは　夕方まで　あそんだ。

⑤

お兄(にい)さんは　中学校に　通(かよ)っています。

⑥

犬の　名前(なまえ)は　ジョンです。

⑦

リンダは　花の　たねを　うえた。

⑧

森の　中から　くまが　出た。

おうちのかたへ

主語と述語は、文の骨格です。会話をするときも、単語だけで話をするのではなく、主語と述語を意識して話をするように心がけるようにしましょう。

4-2 目(もく)てき語(ご)

目(もく)てき語(ご)も文のはしらになります。じゅつ語(ご)のうごきの目当(あ)てになることばで、「～を」という形(かたち)から見つけることができます。

「～が・～は」（主語(しゅご)）をあらわすことばに　のしるしを、「どうする」「どんなだ」（じゅつ語(ご)）をあらわすことばに　のしるしをつけました。

だれが　どうする

ノンタが　ラーメンを　食(た)べた。

主語(しゅご)と じゅつ語(ご)を合(あ)わせると、

ノンタが　食(た)べた。

になります。

しかし、これだけでは「何(なに)を」食(た)べたのかがわかりません。

そこで、「何(なに)を」食(た)べたのかがわかるように「～を」ということばに　をつけてみましょう。

だれが　何(なに)を　どうする

ノンタが　ラーメンを　食(た)べた。

この「～を」のことを、目(もく)てき語(ご)といいます。目(もく)てき語(ご)は、じゅつ語(ご)のうごきの目当(あ)て、目(もく)てきになることばです。

れんしゅう①

左の文の主語とじゅつ語、目てき語に、同じように〇△□のしるしをつけましょう。

だれが　何を　どうする

お父さんが　新聞を　読む。

お母さんが　ばんごはんを　作る。

主語は「お父さんが」、じゅつ語は「読む」だね。

「何を」のことばは、「新聞を」なのね。

「だれが、何を、どうする。」が、それぞれ何であるか、いつも気をつけて文を読むようにしましょう。

おうちのかたへ

主語・述語そして目的語をおさえると、文の骨格が自然と浮かび上がってきます。

目てき語

れんしゅう②

「〜が・〜は」（主語）をあらわすことばに○のしるしを、「どうする」をあらわすことば（じゅつ語）に□のしるしを、「何を」のことば（目てき語）に△のしるしをつけましょう。

① リンゴ先生が　じゅもんを　となえる。

② フクちゃんが　コップを　わった。

③ 

ビッキーは　手紙を　かく。

④ ミミちゃんは　ぼうしを　かぶって　いる。

⑤ リンダが　おにぎりを　作(つく)る。

⑥ 雨が　はっぱを　ぬらす。

⑦ ノンタが　ラッパを　ふく。

⑧ おにいさんが　ボールを　なげる。

5-1 主語とじゅつ語を見つける

見つけるじゅんばんは、まずじゅつ語から！
そのつぎが主語です。

ハイキングに来ました。
みんなが話していることを、つぎの文にしました。

花が　とても　きれいだ。

川が　ゆっくりと　ながれる。

大きな　木が　生えている。

それぞれの文の、じゅつ語に――、主語に〰〰を引くと、こうなります。

花が　とても　きれいだ。

川が　ゆっくりと　ながれる。

大きな　木が　生えている。

れんしゅう

はじめにじゅつ語(ご)に――線(せん)を、つぎに主語(しゅご)に〰〰線(せん)を引(ひ)きましょう。

① 大きな　犬が　歩(ある)いている。

② ビッキーが　元気(げんき)よく　おどる。

③ 白い　雲(くも)が　うかんでいる。

④ つめたい　ジュースが　おいしい。

⑤ リンゴ先生が　火を　つける。

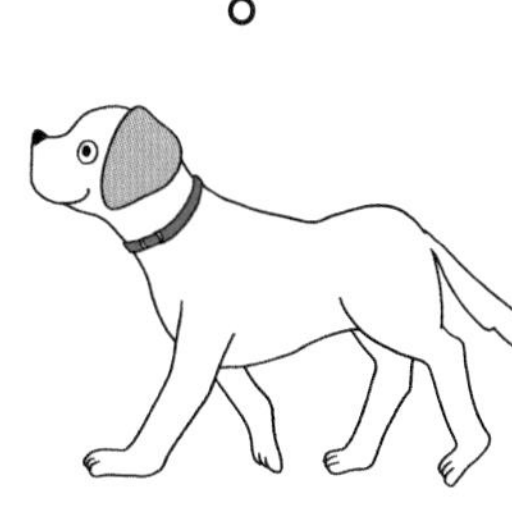

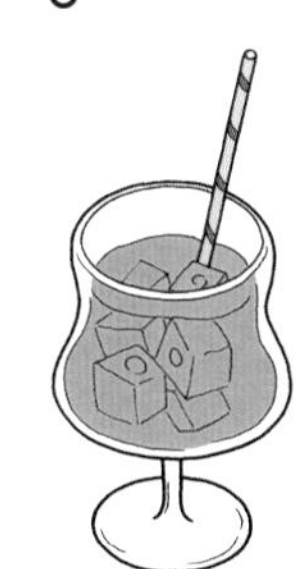

おうちのかたへ

三つの言葉からなる文の主語と述語を抜き出す練習です。これが正確にできるようになれば、文の要点を簡単に見抜くことができるようになります。

5-2

主語、じゅつ語、目てき語を見つける

主語、じゅつ語、目てき語の三つをさがしましょう。これまでやってきたように、じゅつ語から見つけます。

つりに行って、魚をつったよ。

お小づかいで、本を買ったんだ。

きのうの日曜日に何をしていたか、ノンタとフクちゃんが話したことを、文にしました。

ノンタは　きのう　魚を　つった。

フクちゃんは　きのう　本を　買った。

それぞれの文の、主語に〰〰、じゅつ語に――、目てき語に＝＝を引くと、こうなります。

ノンタは　きのう　魚を　つった。

フクちゃんは　きのう　本を　買った。

れんしゅう

はじめにじゅつ語に ―― 線を引きましょう。つぎに主語に 〜〜 線を、目てき語に ＝ 線を引きましょう。

① フクちゃんが 花に 水を やる。

② ビッキーが おもしろい マンガを 読んでいる。

③ ミミちゃんが ピアノを じょうずに ひく。

④ リンダが むずかしい もんだいを といた。

⑤ ノンタは 長い バットを ふった。

まず □ のことばを見つけて、つぎに □ がだれのうごきなのか。□ が何を目あてとしているか考えていきましょう。

5-3

長い文の主語とじゅつ語を見つける

れんしゅう

はじめにじゅつ語に――線を、つぎに主語に～～線を引きましょう。

① かっこいい　車が　はやく　走る。

② わたしの　妹は　とても　かわいい。

③ すきな　おもちゃが　あまり　なかった。

④ 夏の　太ようは　とても　まぶしい。

⑤ 森の学校の　音楽の　時間は　いつも　楽しい。

あれ、文が少し長くなったね。
長くなっても、主語とじゅつ語が、文の中心であることはかわりません。

⑥ 近(ちか)くの　レストランの　オムライスは　とても　おいしい。

⑦ 四時間目(じかんめ)の　じゅぎょうは　大すきな　音楽(おんがく)です。

⑧ お気に入りの　セーターが　せんたくで　ちぢんだ。

⑨ きのう　学校で　先生が　むかし話(ばなし)を　読(よ)んでくれた。

⑩ 遠足(えんそく)の　前(まえ)の　日　フクちゃんは　早く　ねた。

おうちのかたへ

一文の単語が増えるにつれて、難しくなっていきます。主語は「だれが、なにが」、述語は「どうした、どんなだ、なんだ」を表す言葉であるということをイメージできるようになることが目標です。

せつ明(めい)することば①

この絵(え)のことを、三つの文にあらわしたよ。

ことばはことばとつながっています。どのことばが、どのことばにつながるかを考(かんが)えましょう。

大きな時計(とけい)がかざってある。
かわいいネコがねむっている。
リンダがお父(とう)さんのメガネをさがしている。

文の中のことばには、ほかのことばをせつ明することばがあります。

大きな　時計がかざってある。

どんな時計かしら？

えーと、大きな時計。

そう、大きな時計ですね。
このように「大きな」ということばは、
「時計」をせつ明しているのです。

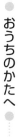

大きな ― **時計**

かわいい　ネコがねむっている。

どんなネコかというと、
かわいいネコだね。

リンダがお父さんの　メガネをさがしている。

だれのメガネですか？
お父さんのメガネですね。
「お父さんの」が「メガネ」という
ことばをせつ明しているのです。

おうちのかたへ
ここでは、名詞を修飾する言葉を取り扱いました。「名詞に付いて、その名詞をくわしく説明している」というつながりが理解できれば大丈夫です。

せつ明することば①

れんしゅう

文を読んで、リンゴ先生のしつもんにこたえるかたちで、□にあてはまることばを書きましょう。

① 広い公園がある。

どんな公園ですか。

→ □ 公園

② めずらしい鳥を見た。

どんな鳥ですか。

→ □ 鳥

③ つめたい水をのんだ。

どんな水ですか。

→ □ 水

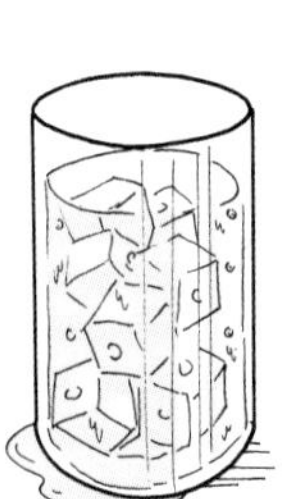

④ 黄色いかさをさしました。

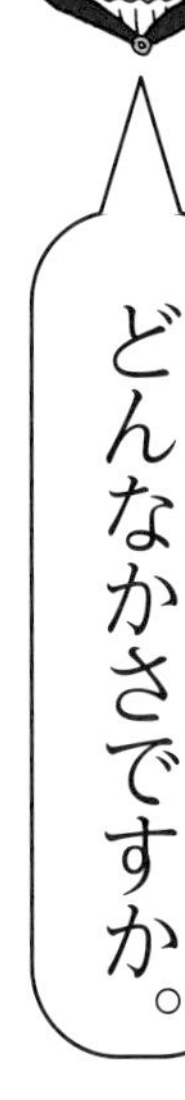

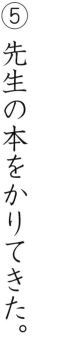

どんなかさですか。

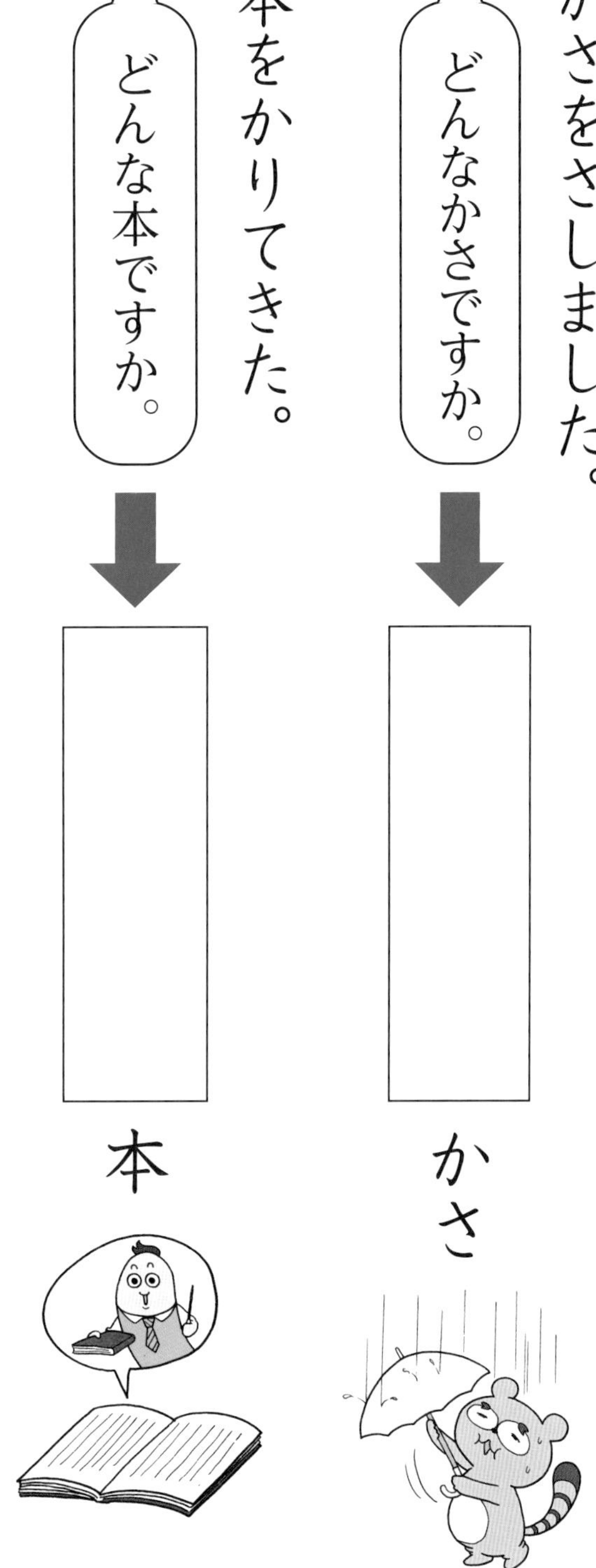

かさ

⑤ 先生の本をかりてきた。

どんな本ですか。

本

⑥ ミミちゃんの絵をかきました。

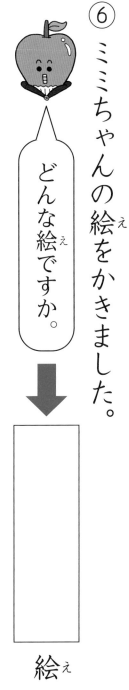

どんな絵ですか。

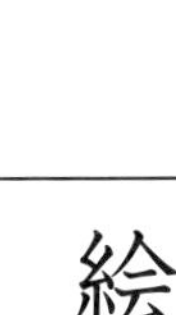

絵

6-2

せつ明することば②

この絵のことを、三つの文にあらわしたよ。

「ものの名前」をせつ明することばのつぎは、「うごきやようすをあらわすことば」をせつ明することばを考えてみましょう。

花だんのひまわりが
ぐんぐんのびる。
フクちゃんは、毎朝
水をたっぷりやる。
ひまわりの花は
とても大きい。

せつ明することばは、うごきをあらわすことばにつくこともあります。

花だんのひまわりがぐんぐん　のびる。

どんなふうに
のびるのかしら？
「ぐんぐん」
のびるのね。

「ぐんぐん」は、うごきをあらわす「のびる」をせつ明しています。

ぐんぐん ― のびる
うごき

フクちゃんは、毎朝水をたっぷり　やる。

どれだけ水をやるのか、
よくわかるわね。

また、せつ明することばは、ようすをあらわすことばにつくこともあります。

ひまわりの花はとても　大きい。

どれくらい大きいかというと、
「とても」―「大きい」だね。

とても ― 大きい
ようす

せつ明することば②

れんしゅう

文を読んで、リンゴ先生のしつもんにこたえるかたちで、□にあてはまることばを書きましょう。

①　船がとつぜんゆれた。

どのようにゆれましたか。

□

②　この川の水はすごくつめたい。

どのくらいつめたいですか。

□つめたい

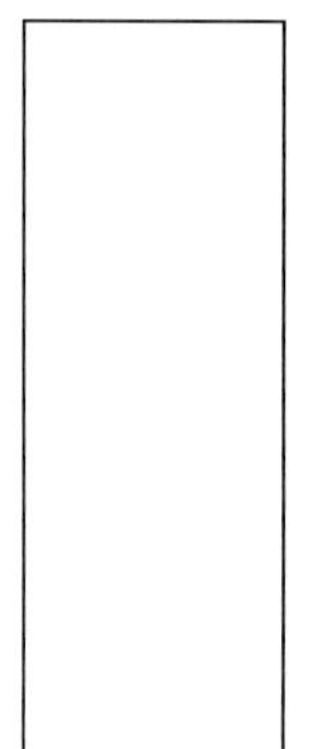

③　まどの外がだんだんくらくなる。

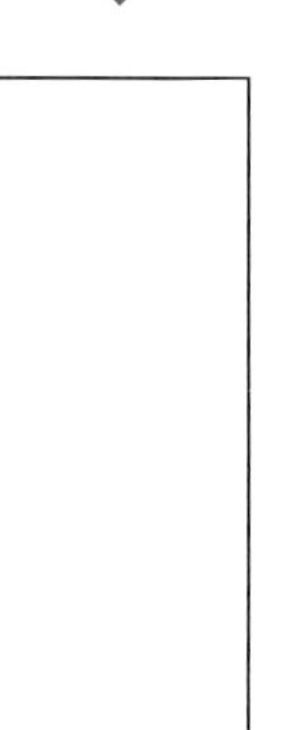

どのようにくらくなりましたか。

□くらくなる

④ 山のぼりでたくさんあせをかいた。

どのくらい かきましたか。

↓

[　　　　]かいた

⑤ ミミちゃんはとても歌（うた）がうまい。

どのくらい うまいですか。

↓

[　　　　]うまい

⑥ ノンタはごはんをゆっくり食（た）べる。

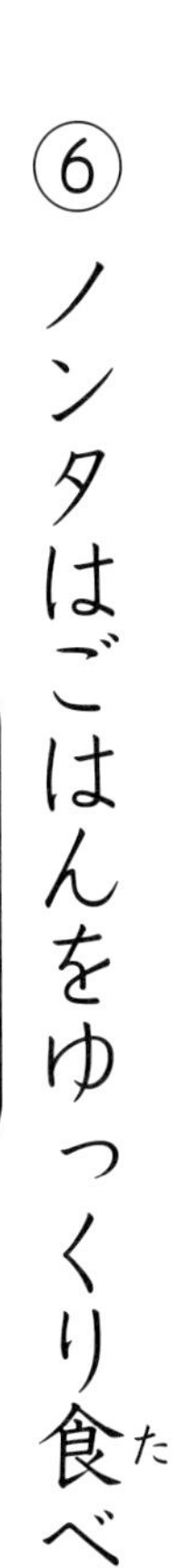

どのように 食（た）べますか。

↓

[　　　　]食（た）べる

せつ明することば③

線の引いてあることばは、どのことばにつながっていますか。つながることばを○でかこみましょう。

れんしゅう

① 古い　お寺に　行きました。

② きれいな　海を　見ました。

③ 遠足で　大きな　町に　行きました。

つながるって、どういうこと？
「古い」は「お寺に」をせつ明していますか？「行きました」をせつ明していますか？
ことばがつながるって、いみがつながっていることをいうんだね。

大きな何かしら？

④ きょうは とても あつい 一日でした。

⑤ ぼくは 毎朝（まいあさ） あたたかい スープを のみます。

⑥ みんなで たくさんの ゴミを ひろいました。

⑦ リンダは 毎日（まいにち） かならず 野（や）さいを 食（た）べます。

おうちのかたへ

呼びかけの「やあ」や、返事の「はい」などの独立語以外は、言葉は必ず他の言葉とつながっています。小2レベルでは、体言（名詞）につながる言葉、用言（動詞や形容詞）につながる言葉があることが認識できれば十分です。

7-1

ことばとことばをつなごう

りんご食べた。
ぶどう食べた。
ちゃんと言えないの？

ことばとことばをつなぐ、「を」や「は」「が」などのことばがあります。つかうことばによっては、いみがかわってしまうので、気をつけましょう。

「りんご」や「ぶどう」と「食べた」の間に、「を」を入れると、正しい文になります。

りんご　を　食べた。

ぶどう　を　食べた。

「を」が、ことばとことばをつなぐことばです。

ことばとことばをつなぐことばには、ほかにもつぎのようなものがあります。

- の　・ぼくのノート。　・お母さんのふく。
- で　・車で行く。　・紙でできている。
- に　・家に帰る。　・ノートに書く。

れんしゅう①

□にあてはまる文字を、[ ]からえらんで書きましょう。

1

①電話□出る。

②赤ちゃん□わらう

③かばん□もつ。

④自てん車□行く。

[で・を・に・が]

2

①お母さん□おこる。

②ミミちゃん□人形だ。

③図書かん□行く。

④おべんとう□食べる。

[へ・が・を・の]

おうちのかたへ
ここでは助詞を扱います。助詞は慣れの要素が大きいので、最初はできなくても根気よく練習しましょう。

7-1

ことばとことばをつなごう

れんしゅう②

1 □にあてはまる文字を、［　］からえらんで書きましょう。

① 色えんぴつ□絵をかいた。
色えんぴつ□もっていく。
色えんぴつ□おいてあった。

［ を　が　で ］

② どうぶつ園□家ぞくといく。
どうぶつ園□おもしろい。
どうぶつ園□ゾウを見た。

［ は　に　の ］

2 絵に合う文になるように、文字をえらんで○をつけましょう。

① 弟（と・が）プールに行きました。

② お母さん（が・に）話しています。

3 □にあてはまるひらがな一字を書(か)いて、文をかんせいさせましょう。

①学校□水そう□かっているメダカ□えさ□やりました。

②えんそく□どうぶつ園(えん)□行(い)って、キリン□ぞう□見てきました。

③ぼく□お父(とう)さん□、毎日(まいにち)八時(じ)□家(いえ)□出て会社(かいしゃ)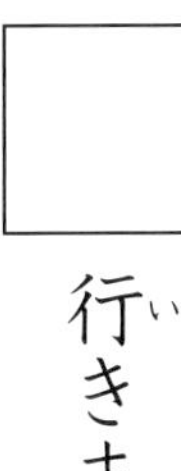行(い)きます。

④三組(くみ)□人□体(たい)いく□ドッジボール□しました。

8-1

ことばの形をかえてみよう①

ことばには、形がかわるものがあります。いろんな形のかわり方があるから、おぼえて、つかえるようになりましょう。

今から、ことばの形をかえますよ。
フクちゃんが、
走らない
走るだろう
「走ら」や「走っ」にかわったわ！
走った

うごきをあらわすことばは、下にことばがついて形がかわることがあるよ。

走る

「走る」ことをしない場合
「走らない」

「走る」がむかしのことの場合
「走った」

「走る」ことをよそうする場合
「走るだろう」

そして、「走る」をていねいに言うと「走ります」です。

れんしゅう①

つぎのうごきをあらわすことばを、形をかえて書きましょう。

1 食べる

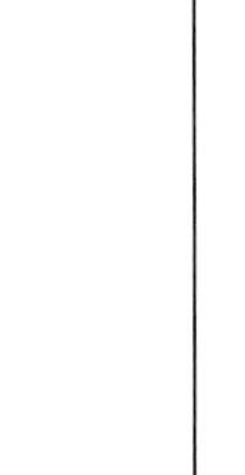

ていねいに言うと

しないときは

むかしのことだと

よそうするときは

2 わらう

ていねいに言うと

しないときは

むかしのことだと

よそうするときは

おうちのかたへ

助動詞の学習をします。助動詞には他の言葉に付いて、いろいろな意味を添える働きがあります。また、助動詞が付くと、その言葉の形が変わることがあります。

8-1

ことばの形(かたち)をかえてみよう①

れんしゅう②

つぎのうごきをあらわすことばを、形(かたち)をかえて書(か)きましょう。

1 ねる

ていねいに言(い)うと

しないときは

むかしのことだと

よそうするときは

2 しずむ

ていねいに言(い)うと

しないときは

むかしのことだと

よそうするときは

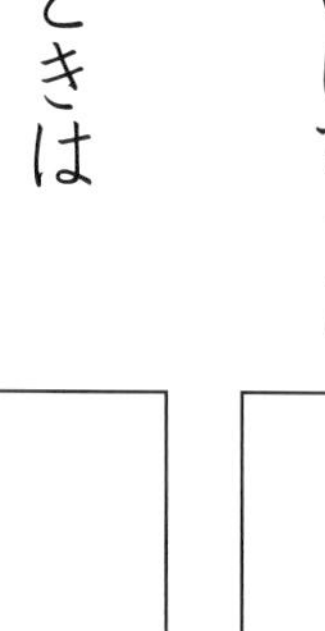

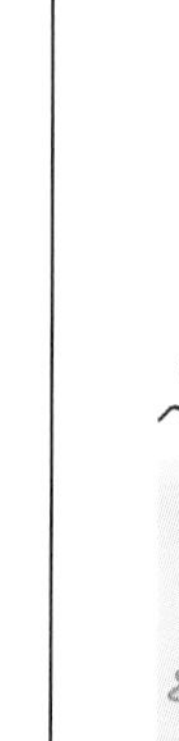

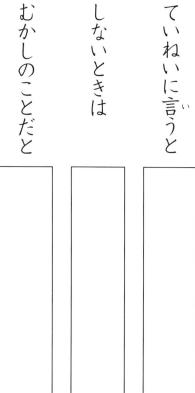

3

見る

ていねいに言(い)うと
しないときは
むかしのことだと
よそうするときは

4

にげる

ていねいに言(い)うと
しないときは
むかしのことだと
よそうするときは

8-2

ことばの形をかえてみよう②

ほかにも、うごきをあらわすことばは、下にことばがついてこんなふうにかわるよ。

入る

「入る」ことを聞いた場合 ⇨ 「入るそうだ」

「入る」ことをきぼうする場合 ⇨ 「入りたい」

「入る」ことをだれかにさせる場合 ⇨ 「入らせる」

れんしゅう①

つぎのうごきをあらわすことばを、形(かたち)をかえて書(か)きましょう。

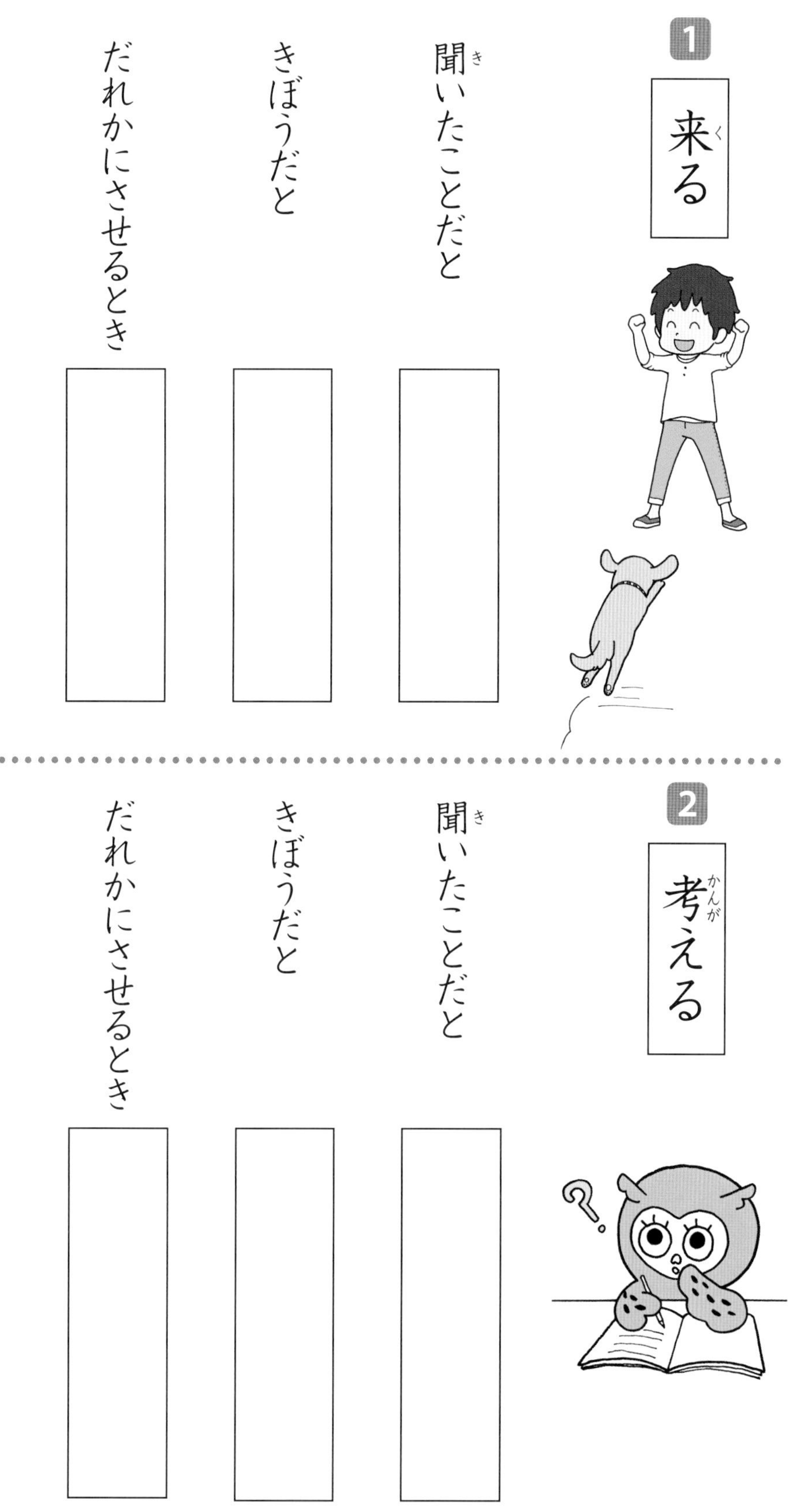

1 来(く)る

聞(き)いたことだと

きぼうだと

だれかにさせるとき

2 考(かんが)える

聞(き)いたことだと

きぼうだと

だれかにさせるとき

8-2

ことばの形をかえてみよう②

れんしゅう②

つぎのうごきをあらわすことばを、形をかえて書きましょう。

1 止める

ていねいに言うと

しないときは

むかしのことだと

よそうするときは

聞いたことだと

きぼうだと

だれかにさせるとき

2

あそぶ

ていねいに言(い)うと

しないときは

むかしのことだと

よそうするときは

聞(き)いたことだと

きぼうだと

だれかにさせるとき

おうちのかたへ

これまでに習った助動詞の復習問題です。助動詞が動詞に付いて意味を添える働きがあることを理解できるようになりましょう。

8・3

ことばの形をかえてみよう③

れんしゅう

学校の校外学しゅうで、のみものを作る工場に見学に行きます。そこで、行く前に工場の人に手紙を書くことにしました。

まず、手紙に書く内ようを、メモにまとめました。

- 五月十日に工場見学に行く。

(しつもん)

- 工場ではどんなのみものを作っているのかな。
- 作っているのみものは何しゅるいあるのかな。
- 一日にどれくらいはたらくのかな。
- 作るときに気をつけていることは何かな。

書くときも、話すときも、あい手や場めんがかわると、書き方や言い方がかわります。

右のメモをもとに、工場(こうじょう)の人に手紙(てがみ)を書(か)きます。（　　）にあてはまることばを後(あと)の［　］からえらんで書(か)きましょう。

ぼくたちは、学校の校外学しゅうで、五月十日にみなさんの工場へ見学に（　　　　）。

そこで、その日にしつもんしたいことを、手紙に書きました。

まず、工場では、どんなのみものを作って（　　　　）。

また、作っているのみものは何しゅるい（　　　　）。

それから、みなさんは一日にどれくらい（　　　　）。

のみものを作るときに気をつけていることは（　　　　）。

たくさん聞きたいことがあるので、見学のときに、いろいろ教えてください。

工場に行く日を楽しみにしています。

はたらきますか　ありますか　何(なん)ですか　行(い)きます　いますか

おうちのかたへ

時と場合に応じた言葉の使い方を日頃から意識しましょう。友達と話すときと、先生と話すときでは、当然のことながら、話し方を変えなければいけません。

ことばの形(かたち)をかえてみよう④

れんしゅう

上と下のカードを線(せん)でつないで、文を作(つく)りましょう。

1

- きのう、ぼくはビッキーとさんぽに
- かぜをひいたので、今日(きょう)はさんぽに
- 明日(あした)は、お兄(にい)さんがおばあちゃんとさんぽに

- 行(い)くそうだ。
- 行(い)った。
- 行(い)かない。

2

- 今日(きょう)は、のどがいたいので歌(うた)を
- 今から、わたしがすきな歌(うた)を
- 教室(きょうしつ)でミミちゃんに

- 歌(うた)います。
- 歌(うた)いません。
- 歌(うた)わせる。

3

お母（かあ）さんが、妹（いもうと）を ・ ・ ねかせる。

明日（あした）は早おきをするので、もう ・ ・ ねない。

おおみそかの夜（よる）なので、まだ ・ ・ ねたい。

4

今日（きょう）、雨がふったことなんて、来週（らいしゅう）には ・ ・ わすれるそうだ。

こわかったゆめのことなんて、早く ・ ・ わすれたい。

ビッキーはいつもしゅくだいを ・ ・ わすれるだろう。

9…1

文のようやく

青みどり色のうつくしいチョウが、にわのタンポポにとまった。

クラスのみんなに見せるために、ぼくはゆっくりとカメラをかまえた。

「ようやく」とは、文の大切なところをまとめることです。主語とじゅつ語が、文のはしらになることは、学しゅうしました。これをつかって、ようやくをしましょう。

上の文しょうの大切なぶぶんをぬき出すことができるかな？

文しょうの中に、大切なぶぶんがあるの？

主語とじゅつ語、目てき語のこと？

そうです。文の大切なぶぶんをぬき出してまとめることを「ようやく」といいます。

二つの文から、　のことば（主語）と　のことば（じゅつ語）、そして、　のことば（目てき語）を書き出しました。

青みどり色のうつくしいチョウが、にわのタンポポにとまった。

チョウが　とまった。

クラスのみんなに見せるために、ぼくは　ゆっくりと　カメラを　かまえた。

ぼくは　カメラを　かまえた。

主語とじゅつ語、目てき語は、文の中心なのね。

ようやく（　）に合うように、主語、じゅつ語、目てき語を書きました。

（チョウ）が（とまった）ので、（ぼく）は（カメラ）を（かまえた）。

9-1

文のようやく

れんしゅう①

つぎの文しょうをようやくします。主語、じゅつ語、あれば目てき語を書いて、後の「ようやく」にまとめましょう。

1 かぜをひいたお母さんが、夜ごはんを作れませんでした。だから、お父さんが電話でピザをたのみました。

かぜを　ひいた　お母さんが　夜ごはんを　作れませんでした。

だから　お父さんが　電話で　ピザを　たのみました。

ようやく　（　　）にあてはまることばを書きましょう。

（　　　）が（　　　　）を（　　　　）ので、

（　　　）が（　　　　）を（　　　　）。

2 今日(きょう)の朝(あさ)、お父(とう)さんが、お母(かあ)さんの作(つく)ったおべんとうをげんかんにわすれました。気がついたお母(かあ)さんが、お父(とう)さんの会社(かいしゃ)に車でとどけました。

今日(きょう)の　朝(あさ)、お父(とう)さんが、お母(かあ)さんの　作(つく)った　おべんとうを　げんかんに　わすれました。

気が　ついた　お母(かあ)さんが、お父(とう)さんの　会社(かいしゃ)に　車で　とどけました。

ようやく（　　）にあてはまることばを書(か)きましょう。

（　　　）が（　　　）を（　　　）ので、

（　　　）が（　　　）。

おうちのかたへ

この要約は、大学入試でよく問われる文の要旨を答える問題の大切なファーストステップとなります。今のうちに、確実に主語・述語・目的語をとらえられるようにしましょう。

9-1 文のようやく

れんしゅう②

つぎの文しょうをようやくします。それぞれの文の主語、じゅつ語、あれば目てき語を書いて、後の「ようやく」にまとめましょう。

1 夏休みの晴れた日に、フクちゃんはながれのはやい川で魚をとりました。ミミちゃんはとてもしんぱいそうにフクちゃんを見ていました。

	主語	目てき語	じゅつ語
前の文			
後の文			

ようやく（　）にあてはまることばを書きましょう。

（　）は（　）を（　）。
（　）は（　）を（　）。

2 クリスマスの日、ケーキ屋さんが朝早くからお店をあけました。エプロンすがたのお姉さんが、ショーウインドウにたくさんのケーキをならべました。

	主語	目てき語	じゅつ語
前の文			
後の文			

ようやく（　　）にあてはまることばを書きましょう。

（　　　　）が（　　　　）を（　　　　　　　　）。
（　　　　）が（　　　　）を（　　　　　　　　）。

10-1

文と文のつながり①

文と文との間にも、いみのつながりがあります。ここでは、その五つのしゅるいをきちんと理かいしましょう。

二つの文がつづくとき、前の文と、後の文の間には、いくつかのいみのつながり方があるんだよ。

文と文のつながりを記ごうであらわしてみたよ。

前のことと、後のことがはんたいになっている。

前のことがおきたために後のことがおきた。

＝
前のことと同じことを言っている。

前のことがおきたのは後のことがおきたためだ。

ミミちゃんは、星を見に出かけました。

しかし（でも）

くもっていて、何も見えませんでした。

とてものどがかわきました。

だから

つめたいお茶を三ばいもおかわりしました。

の記ごうは、「しかし（でも）」ということばになるね。

の記ごうは、「だから」ということばになるね。

きのうのテストで、リンダは百点、フクちゃんは九十五点、ミミちゃんは九十点でした。

つまり

三人の点数をまとめてあらわすと、「よいせいせき」だね。

みんな、とてもよいせいせきでした。

のりものには、いろいろなしゅるいがあります。

たとえば

のりものをくわしくあらわすと、「電車、自どう車、ひこうきなど」だね。

電車、自どう車、ひこうきなどです。

ふくがよごれてしまいました。

なぜなら

ジュースをこぼしたからです。

の記ごうは、二つのことばをあてはめることができます。

・**まとめるとき**

「つまり」ということばになります。

・**くわしくするとき**

「たとえば」ということばになります。

の記ごうは、「なぜなら」ということばになるわね。

● **おうちのかたへ** ●

記号で接続語を教える理由は「なんとなく語感で」接続語を入れるのではなく、二つの文の関係をきちんと把握した上で適切な接続語を入れられるようになるためです。

文と文のつながり①

れんしゅう①

前のページのようにして、前の文と後の文のつながりを記ごうとことばであらわします。
下の「記ごうとことば」からえらんで、□にはあてはまる記ごうを、[ ]にはあてはまることばを書きましょう。

① チョウには、いろいろなしゅるいがいます。

□ [ ]

アゲハチョウ、モンシロチョウ、シジミチョウなどです。

② 今日の体いくはてつぼうで、さか上がりのれんしゅうをしました。

□ [ ]

わたしはてつぼうがにが手で、一どもできませんでした。

記ごうとことば

- ⟷ しかし
- ← だから
- ⇒ なぜなら
- ＝ つまり（まとめるとき）
- ＝ たとえば（くわしくするとき）

③ えき前(まえ)のケーキ屋(や)さんは、月曜(よう)日から金曜(よう)日まで店(みせ)をあけています。
□ [ ]
へい日だけ店(みせ)をあけているということです。

④ ぼくは、ふざけていて花だんの花をふんでしまいました。
□ [ ]
お母(かあ)さんにしかられました。

⑤ フクちゃんはドーナツの半分(はんぶん)をノンタにあげました。
□ [ ]
ノンタがドーナツをおとしてしまったからです。

おうちのかたへ

「しかし」「だから」「つまり」「たとえば」「なぜなら」は、文と文の論理的関係を表す基本的な接続語です。この使い方をマスターするだけで、自然と論理的な話し方ができるようになります。

文と文のつながり①

れんしゅう②

前のページのようにして、前の文と後の文のつながりを記ごうとことばであらわします。下の「記ごうとことば」からえらんで、□にはあてはまる記ごうを、［　］にはあてはまることばを書きましょう。

①ミミちゃんはピアノのはっぴょう会のために毎日れんしゅうしました。

□ ［　　　］

はっぴょう会のえんそうの後、たくさんのはく手をもらいました。

②リンダは、シンデレラやもも太ろう、はだかの王さまなど、たくさんの本を読んでいます。

□ ［　　　］

リンダは、ものがたりを読むのがすきなのです。

記ごうとことば

- ⟷ しかし
- ← だから
- → なぜなら
- ＝ つまり（まとめるとき）
- ＝ たとえば（くわしくするとき）

③ ノンタは「ラーメン出てこい」というじゅ文を百回（かい）となえました。
けむりの中からあらわれたのは、ラーメンではなくどんぶりでした。

④ リンゴ先生がビッキーをしかりました。
ビッキーは、きのうはふでばこを、今日（きょう）はノートをわすれてきたからです。

⑤ フクちゃんはお母（かあ）さんの手つだいをしました。
ゴミを出したり、おさらをふいたり、花に水をあげたりしました。

10 2

文と文のつながり②

れんしゅう

つぎの文の□にあてはまることばを、後(あと)の□からえらんで答(こた)えましょう。

(同(おな)じことばを二回(かい)つかってもかまいません)

①知(し)らないことを、図(ず)かんでしらべようと思(おも)いました。

□

図書(としょ)しつに行(い)きました。

②わたしには、すきなことがたくさんあります。

□

本を読(よ)むこと、ピアノをひくこと、プールでおよぐことです。

③おつかいで牛(ぎゅう)にゅうを買(か)いに行(い)きました。

□

さいふをわすれてしまいました。

④ お母さんがあわててまどをしめました。
[ ]
きゅうに雨がふってきたからです。

⑤ お姉さんは、ピーマンとブロッコリーをのこします。きゅうりもニンジンも食べません。
[ ]
野さいがきらいなのです。

⑥ りょこうから帰ってきたら、うえ木ばちのアサガオがかれていました。
[ ]
三日間も水をやらなかったからです。

しかし　だから　なぜなら　たとえば　つまり

おうちのかたへ
記号で文と文の関係がイメージできるようになったら、確実に正しい接続語が使えるようになります。

11・1

こそあどことば

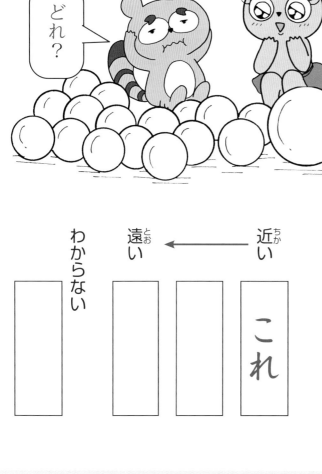

こそあどことばは、ものをさすときにつかいます。どれくらいはなれているかによって、つかうことばがちがいます。

これ。
それ。
あれ。
ひとつだけ大きいのがあるわね。
どれ？

こそあどことばは、自分とものとのきょりでつかい分けます。近いじゅんから、こそあどことばを書きましょう。

近い → 遠い

これ			

わからない

絵の中のこそあどことばがさしているものがわかるかな？

あれは何というどうぶつかな？
これはカンガルーです。
どれ？

どれも、カンガルーをさしているね。

おうちのかたへ

日常生活の中で、こそあど言葉あそびをやってみましょう。いろいろなものを指さしすることで、こそあど言葉について理解を深めることができます。

これは、何という花？
それは、パンジーよ。

どちらも、パンジーをさしているね。

こそあどことばをまとめてみました。

近い	中	遠い	わからない
ここ	そこ	あそこ	どこ
これ	それ	あれ	どれ
この	その	あの	どの
こっち	そっち	あっち	どっち
こんな	そんな	あんな	どんな

こそあどことば

れんしゅう①

つぎの文しょうを読んで、後のもんだいに答えましょう。

① おじいさんから、にもつがとどきました。それをあけると、たくさんの野さいが入っていました。

「それ」とは何のことでしょう。

② 公園であそんでいると、バッタを見つけました。それは大きくて、元気よくとびはねていました。

「それ」とは何のことでしょう。

③ 赤いタワーが遠くに見えました。わたしは、あれは何だろうと思いながら歩いていました。

「あれ」とは何のことでしょう。

④ これは、わたしがまだ小さいときのしゃしんです。

「これ」とは何のことでしょう。

⑤ 先生が、「明日は、ものさしと三角じょうぎをもってきてください。この二つは、算数のじゅぎょうでつかいます。」と言いました。

「この二つ」とは何のことでしょう。

⑥ 秋になると、くりやどんぐりなどがみをつけます。これらは、山や森にすむどうぶつたちが冬をこすための大切な食べものになります。

「これら」とは何のことでしょう。

おうちのかたへ

指示語が指す言葉を探すときは、まず指示語の前の、近くから遠くへと探します。指示語の前にない場合は、後を探すようにします。

11-1 こそあどことば

れんしゅう②

つぎの文しょうを読んで、後のもんだいに答えましょう。

きょうの夕方、お姉さんといっしょにスーパーにおつかいに行きました。おかあさんが、

「買ってきてほしいものは、①ここに書いてあるからね。」

とメモをくれました。

わたしたちは、②それを見ながら、買いものをしました。

スーパーから出ると、③そこの前で友だちに会いました。

友だちは、

「よく④ここにおつかいに来るの？　ぼくはお母さんについてきて、⑤これを買ってもらったんだ。」

と、おかしを見せながら言いました。

帰るとちゅう、わたしは、友だちがもっていたおかしのことを考えていました。⑥あれ、おいしそうだったな……。

そして、こんどお母さんと来たときに買ってもらおうと思いました。

――①～⑥のこそあどことばは、何(なに)をさしていますか。

① ここ

② それ

③ そこ

④ ここ

⑤ これ

⑥ あれ

●おうちのかたへ●
指示語の内容を見つけたら、こそあど言葉に当てはめて、文の意味が通っているか確認するようにしてください。

12-1 いつ？ どこで？

れんしゅう

「れい」のようにして、文の中から、いつ（時）をあらわすことばと、どこ（場しょ）をあらわすことばをえらんで答えましょう。

れい 午前十時に東京えきに来てください。

いつ 午前十時

どこ 東京えき

① かいかいしきは、午後一時から体いくかんで行われます。

いつ

どこ

② わたしは冬休みに新かん線で北海道に行きます。

いつ

どこ

何かをつたえるときにとてもだいじな「いつ」「どこで」を答えるれんしゅうをしましょう。

③ このめずらしい貝がらを、八月におおきなわでひろいました。

いつ

どこ

④ たん生日に、家(か)ぞくでレストランへ行(い)ってごはんを食(た)べます。

いつ

どこ

⑤ みんなにくばるプリントをわたすので、一時間後(じかんご)にしょくいん室(しつ)に来(き)てください。

いつ

どこ

おうちのかたへ

報道の文章やレポートは言うまでもなく、日常会話の中でも「いつ」「どこで」は大切な情報です。低学年のうちから相手にものごとを伝える際に「いつ」「どこで」を意識して話す習慣をつけるようにしましょう。

12 ● 2

いつ、どこで、だれが、なにを、どうした

れんしゅう

1 リンダの手紙(てがみ)を読(よ)んで、下のもんだいに答(こた)えましょう。

リンダの手紙(てがみ)

おばあさんへ

森の学校の遠足(えんそく)が金曜日(きんようび)にありました。みんなでくりひろいをしました。友(とも)だちのビッキーがいちばんたくさんくりをひろいました。わたしもたくさんひろいました。お母(かあ)さんが「おばあさんにもわけてあげたら。」と言(い)ったので、くりをおくります。おかあさんが近(ちか)くのお店(みせ)で買(か)ってきたさつまいももいっしょに入れておきます。これらでおいしいおやつを作(つく)ってね。

リンダより

①くりをひろったのはいつですか。

②おばあさんにくりをおくるのはなぜですか。

③さつまいもを買(か)ったのはどこですか。

④おばあさんに何(なに)をおくるのですか。

　　と

2 森の学校新聞を読んで、下のもんだいに答えましょう。

森の学校新聞

　9月8日の10時ごろ、きゅう食室で見なれない紙ぶくろが見つかりました。「ひょっとすると、ばくだんかもしれない」と、大さわぎになりましたが、リンゴ先生がまほうをつかって中をしらべたところ、あんパンであることがわかりました。もちぬしはノンタで、「こんなに大さわぎになって、ごめんなさい。」とあやまっているとのことです。「おなかが空いたら食べようと思ってかくしていたんだ。」とも言っています。

①どこでおきたことですか。

②見つかったものは、なんですか。

③紙ぶくろの中は、どのようにしてあんパンだとわかりましたか。

④紙ぶくろは、だれのものでしたか。

おうちのかたへ

少し長い文章から5W1Hの情報を読みとる練習です。5W1Hを意識することは、何かを人に伝達するときに有効です。そして、大切な情報であるため、それを読みとる力も必要です。また、理由（what）を問う問題に答えるときは、最後に「～から。」と付けることも意識しましょう。

13-1 話だいといけん

電話はとてもべんりなものです。遠くはなれた外国の人と話すことができたり、一人ぐらしのお年よりの心のささえになったりします。じこやびょう気のときにきゅうきゅう車をよぶのも電話ですね。

その一方、お金をだましとるために、わるい人がお年よりに電話をかけたり、お店にうそのちゅう文をしたりするいたずら電話のひがいも、年に何千けんもあるそうです。

せつ明文を読むときは、まず何について書いているのか、読みとりましょう。これを「話だい」といいます。話だいがわかっていないと文しょうを正しく理かいすることができません。

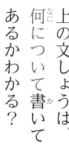

上の文しょうは、何について書いてあるかわかる？

電話のことが、いろいろ書いてあるわね。

そう、電話について書いてあります。この「何について」を話だいといいます。この文しょうの話だいは「電話について」ですね。

れんしゅう

つぎの文しょうを読んで、下のもんだいに答えましょう。

わたしのしんせきに、パンやさんをしている人がいます。パンやさんの朝は早いです。朝は六時ごろからしごとをはじめます。お店をあける時間にパンがやき上がっていなければいけないからです。

パンを作る場しょには、いろんなきかいがあります。人の手でやっていたのでは、間にあわないし、すぐにつかれてしまうから、きかいをつかうそうです。それでも、一日中立ちっぱなしで、休む時間はほとんどありません。きっとつかれているのに、いつもお店ではえがおでいるパンやさんのしごとは大へんだと思います。

1 上の文しょうの話だいを書きましょう。

［　　　　］について。

2 この文しょうを書いた人は、話だいについて、どのように思っていますか。［　］にあてはまるように書きましょう。

パンやさんの［　　　　］。

話だいについて、どのように思っているのか、わかりますか。それが「いけん」です。

いけんと理ゆう

学校の帰りに通る大きな家のにわに、池があります。その池でおよいでいるコイを見るのが大すきです。そばによると、コイが近くにあつまってきます。ときどき、パンくずをあげると、おいしそうに食べてくれます。

　わたしもコイをかってみたいと思いますが、わたしの家には、池をつくるほどの大きなにわがないので、かえません。それに、コイをかうためには、池のほかにもいろいろとひつようなものがあると聞きました。

　だから、コイをかうのは、とてもむずかしいことなのだと思いました。

せつ明文には、話だいと、それについてのいけんが書いてあります。そして、どうしてそのようないけんを言うのか、理ゆうをせつ明します。

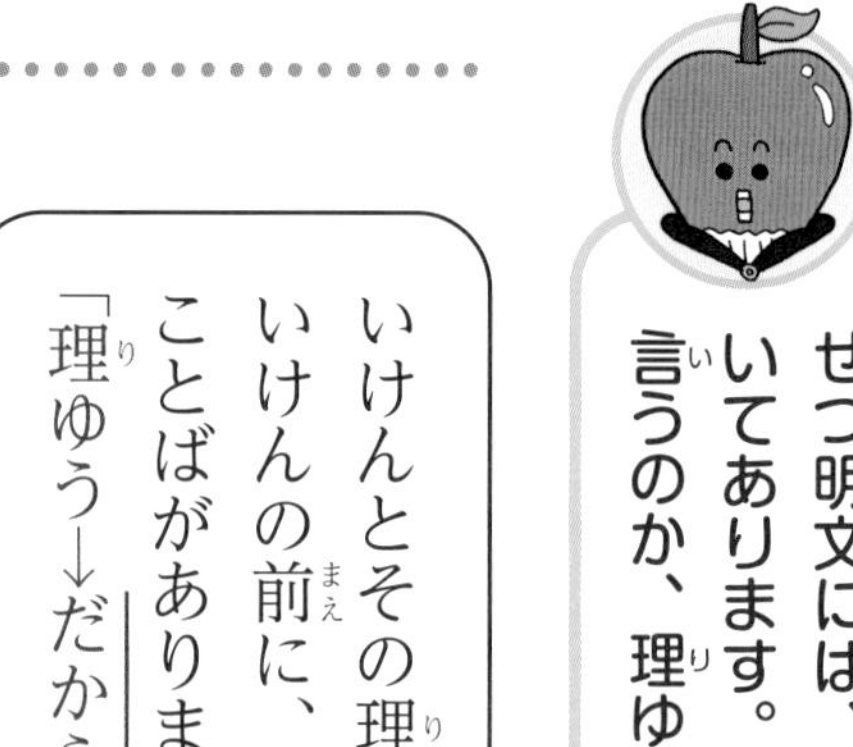

いけんとその理ゆうがわかりますか？
いけんの前に、「だから」という
ことばがありますね。
「理ゆう→だから→いけん」です。

いけん

コイをかうのはとてもむずかしいことだ。

理ゆう

池をつくるほどの大きなにわがないとかえないし、池のほかにもいろいろとひつようなものがあるから。

れんしゅう

つぎの文しょうを読んで、下のもんだいに答えましょう。

みなさんは、あいさつのことばをいくつ言えますか。おきたときの「おはよう」、ねる前の「おやすみ」、ごはんのときは「いただきます」。これらは家の中でもつかうあいさつのことばですね。

学校から帰るときは、先生には「さようなら」、友だちには「バイバイ」でしょうか。ほかにも、だれかのたん生日には「おめでとう」、おれいを言うときは「ありがとう」と言いますね。

こんなふうに、あいさつのことばをたくさん言えることは、とても大切なことなのです。なぜなら、あいさつとは、みんなが気もちよく生活できるように考えられたちえだからです。

おうちのかたへ
意見をきちんととらえることができたら、次は、どうしてその意見を持っているのかという理由もあわせて探すようにしてみてください。因果関係を意識することが、論理的な力をつける基礎となります。

1 上の文しょうのいけんを、ます目に合うように書きましょう。

は、とても大切なことです。

2 **1**のようないけんを言う理ゆうをます目に合うように書きましょう。

あいさつとは、みんなが

できるように

だから。

この文しょうでは、いけんの後に、「なぜなら」ということばがあるわね。「いけん→なぜなら→理ゆう」ね。

説明文の読解
● 読む力 ● 思考力

13-3

せつ明文を読む
せつ明文

れんしゅう①

つぎの文しょうを読んで、後のもんだいに答えましょう。

わたしたちが毎日のように食べているお米には、たくさんのしゅるいがあります。コシヒカリ、ササニシキ、ひとめぼれなどがゆう名です。

おいしいかどうかは、人によってかんじ方がちがいますが、おいしいお米とは、だいたいつぎのようなものだと言われます。それは、色が白くつやがあるもの、かむとあまみが出るもの、ねばりがあるものです。

１９５６年にコシヒカリと名づけられたお米ができましたが、くきが弱くてたおれやすく、はじめはあまり作ら

1 おいしいお米とはどのようなお米ですか。３つ書きましょう

2 （ ① ）にあてはまることばをつぎからえらんで記ごうに○をつけましょう。

れませんでした。そのときは、じょうぶでたくさんしゅうかくできることが大事だったのです。（①）、よの中がゆたかになると、人びとはおいしいお米が食べたいと思うようになりました。そして、コシヒカリのあじがよいことがだんだん知られはじめたので、②たくさん作られるようになったのです。

また、ひとめぼれは、さむさに強く、コシヒカリより作りやすいので、③全国に広がりました。かおりがよく、つめたくなってもあじがおちないので、人気があります。

今も、おいしいお米を作るために、たくさんの人がけんきゅうをつづけています。

ア　なぜなら　　イ　だから
ウ　しかし　　エ　つまり

3 ――②「たくさん作られるようになった」のはなぜですか。ます目に合うように書きましょう。

コシヒカリのあじが

から。

4 ――③「全国に広がった」のはなぜですか。ます目に合うように書きましょう。

さむさに強く

から。

せつ明文

れんしゅう②

つぎの文しょうを読んで、後のもんだいに答えましょう。

夜に道を歩いていると、空に月が出ていて、その月がどんなに歩いても、①わたしたちについてくるように思ったことはありませんか。電しんばしらや、ほかのたてものは見えなくなっても、月だけはついてくる。（　②　）、これは本当に月がついてくるわけではありません。月がとても遠くにあるため、そのような気がするのです。

たとえば、電車にのっていて、まどの外を見ると目の前のかんばんなどはとぶようにすぎてしまうのに、遠くにある山や雲はずっと見えています。つまり、自

1 上の文しょうの話だいをかん字一字で書きましょう。

［　］について

2 ——①とありますが、月がついてくるように思えるのはなぜですか。文中からぬき出してます目に合うように書きましょう。

［　　　　　　　　　　］ため。

分から遠くにあるものは、なかなかうごかないように見えるのです。月にも同じことがいえます。月も遠くにあるので、いくら歩いてもずっと見えています。それで、月がついてきているようにかんじてしまうのです。

では、③月と地きゅうはどれくらいはなれているのでしょうか。月は地きゅうからおよそ40万キロメートルもはなれています。そういわれてもぴんとこないかもしれませんね。たとえば、月に行くには、新かん線だと53日、歩くと11年もかかるといわれると、その遠さがよくわかると思います。

3 （　②　）にあてはまることばを、つぎの中からえらんで、記ごうに○をつけましょう。

ア　しかし　　イ　だから

ウ　つまり　　エ　たとえば

4 ――③とありますが、月と地きゅうはどれくらいはなれていますか。□にあてはまることばを書きましょう。

新かん線だと［　　　　］、

歩くと［　　　　］もかかるほど

はなれている。

せつ明文を読む

せつ明文

れんしゅう③

つぎの文しょうを読んで、後のもんだいに答えましょう。

（前のページのつづきです。）

月が地きゅうから遠くはなれていることはわかりました。では、そのきょりはどのようにしてはかったのでしょう。

１９６９年、アポロ11ごうというロケットにのって、人間ははじめて月に行き、①その上に立つことができました。そのあと、何どか人間は月に行きました。そのとき、地きゅうから月までのきょりをはかるため、とくべつな光をはねかえすかがみを月においてきました。地きゅうから月にあるかがみにむかって光をはっしゃし、その光がもどってくるまでの時間を計る

---

1 人間がはじめて月に行ったのはいつですか。

2 人間は何にのって月に行きましたか。

3 ——①「その」とは何のことでしょう。

のです。光のすすむはやさはわかっているので、月にとどく時間がわかると、月までのきょりがわかるということです。

さて、②月がわたしたちについてくるように思うのには、ほかにも理ゆうがあります。夜の道を歩いていても、星がついてくるとはなかなか思いません。なぜ月だけがそう思えるのかというと、大きくて明るい月は夜空ではとても目立つからです。だから、月のことが気になって、ついてくるようにかんじるのです。

いつもは、なにげなく見上げている夜の空にも「なぜ」と思うことがたくさんあります。月のほかにも、いろいろな「なぜ」をさがしてみてください。

4 月までのきょりをはかるため、月に何をおいてきましたか。

5 ―②とありますが、月がついてくるように思える、もう一つの理ゆうを書きましょう。

どんな気もちかな

きのうのアニメはどうなるかとどきどきしたよ。

ヒーローがかったとき、とびはねてたものね。

どきどきは心ぱいしている気もちをあらわすことば、とびはねてはうれしい気もちをあらわすうごき。ほかにも話すことばから気もちがわかります。

れんしゅう①

――線のことばは、どんな気もちをあらわしていますか。記ごうに○をつけましょう。

①おにがやって来たらどうしようと、びくびくした。

ア　おどろいている
イ　こわがっている
ウ　くるしがっている

②明日はゆう園地にいくので、うきうきしている。

ア　たのしみだ
イ　ありがたい
ウ　かわいそうだ

れんしゅう②

――線のことばは、どんな気もちをあらわしていますか。記ごうに○をつけましょう。

①今日は、みんなで朝早くから公園のゴミひろいをすることになっているのに、ビッキーだけが来ません。「どうしたのかな。」と、みんなが言い出したところ、ふとんの中で、ねぼうしたビッキーが「また、やっちゃった。」と頭をかかえていました。

ア　頭がいたくてたまらない。
イ　何どもねぼうすることがなさけない。
ウ　みんなにおこられるのがこわい。

②リンダがノンタにたのまれてカップラーメンのおゆをわかしました。ところが、ノンタはがまんできずに、そのまま食べてしまいました。「せっかく、わかしたのに。」リンダがノンタに大きな声で言いました。

ア　わかしたおゆをどうしようかとこまっている。
イ　おゆをわかしたことが、むだになってかなしんでいる。
ウ　おゆをまたずにカップラーメンを食べたノンタにおこっている。

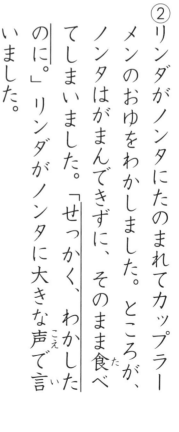

14…2

ものがたりを読む 場めんを読みとろう

ものがたりを読むのは大すきだよ。ワクワクするからね。

本をたくさん読むのは大切なことです。下のまきものをたしかめて、正しく読めるようになりましょうね。

ものがたりでは、まず、お話の中にだれが出てくるのかたしかめて。そして、出てくる人たちが話すことばやどうさに気をつけて読むようにしましょう。

ものがたりを正しく読むために

一、場めんを読みとろう。

- だれが出てくるのかを、たしかめておこう。
- 場しょはどこか、何をしているのか。時間や天気のことも書いてあれば、おぼえておこう。

二、気もちを読みとろう。

- 話していることばや、うごきから、その人がどんな気もちなのかを読みとろう。

（れい）

今日はミミちゃんのたん生日です。げんかんのチャイムが鳴りました。きっと、お父さんです。ミミちゃんは、まちきれないように「わたしが出る！」と、ろうかにかけ出しました。

ミミちゃんのうれしそうな気もちがわかるね。

三、ようすを読みとろう。

- しずかなのか、にぎやかなのか、明るいのか、くらいのか……など、場めんのようすから、そこにいる人の気もちをそうぞうしてみよう。

れんしゅう①

つぎの文しょうを読(よ)んで、後(あと)のもんだいに答(こた)えましょう。

ある　のうかの　うらにわに　あひるや、がちょうや、もるもっとや、うさぎや、いたちなどが　すんで　おりました。
　さて、ある　ひの　こと　がちょうの　たんじょうびと　いうので、みんなは　がちょうの　ところへ　①ごちそうに　まねかれて　いきました。
　これで、いたちさえ　よんで　くれば、みんな　おきゃくが　そろう　わけですが、さて、②いたちは　どう　しましょう。
　みんなは　いたちは　けっして　わるものでは　ない　ことを　しって　おりました。けれど、いたちには　たった　ひとつ、よく　ない　くせが　ありました。それは　おおぜいの　まえでは、いう　ことが　できないような　くせで　ありました。なにかと　もうしますと、ほかでも　ありません、おおきな　はげしい　おならを　する　ことで　あります。

1 うらにわにすんでいたのは　だれですか。五つ、書(か)きましょう。

2 ―①「ごちそうに　まねかれて」いったのは　なぜですか。

3 ―②「いたちは　どう　しましょう」と、みんながまよったのは、なぜですか。□にあてはまるように書(か)きましょう。

いたちには　おおきな　はげしい　□　があるから。

14‥2

ものがたりを読む
場めんを読みとろう

れんしゅう②

つぎの文しょうを読んで、後のもんだいに答えましょう。（前のページの少し後の文しょうです。）

（うさぎが、いたちのところに行って、おならをしないようにたのみました。いたちは、それをやくそくして、やって来ました。）

いろいろな　ごちそうが　でました。おからや、にんじんの　しっぽや、うりの　かわや、おぞうすいや。

みんなは　たらふく　たべました。いたちも　ごちそうに　なりました。

みんなは　いい　ぐあいだと　おもっていました。いたちが　おならを　しなかったからで　あります。

しかし、とうとう、たいへんなことがおこりました。①いたちが　とつぜん　ひっくりかえって、きぜつして　しまったのです。

1 だされたいろいろなごちそうを、いたちはどうしましたか。

2 ――①「いたちが　とつぜん　ひっくりかえって、きぜつして　しまった」のはなぜですか。□にあてはまるように書きましょう。

いたちが

いたから。

さあ、たいへん。さっそく、もるもっとの おいしゃが、いたちの ぽんぽこに ふくれた おなかを しんさつしました。「みなさん」と もるもっとは、しんぱいそうに して いる みんなの かおを みまわして いいました。「これは、いたちさんが、おならを したいのを あまり がまんして いたので こんな ことに なったのです。これを なおすには、いたちさんに おもいきり おならを させるより しかたは ありません」

やれやれ。みんなの ものは ためいきを して かおを みあわせました。そして ②やっぱり いたちは よぶんじゃ なかったと おもいました。

（新美南吉（にいみなんきち）「がちょうのたんじょうび」より）

● おうちのかたへ ●

気持ちを読み取る問題では、自分の気持ちを根拠に答えてはいけません。登場人物の気持ちを読み取ることが目的であることに気をつけてください。必ず根拠となる動作やセリフがあります。

3 ――②のように思（おも）ったのはなぜですか。あてはまる記（き）ごうに○をつけましょう。

ア いたちがごちそうをたくさん食（た）べすぎて、おなかがふくれて、きぜつしてしまったから。

イ おいしゃがしんぱいしているみんなに、いたちにおならをがまんさせなさいとしかったから。

ウ いたちがけっきょく、おならをすることになってしまったから。

14-3 ものがたりを読む

気もちを読みとろう

つぎの文しょうを読んで、後のもんだいに答えましょう。

ある日のこと、ノンタがみんなに言いました。

「星をほうきではたいておとすと、あんパンになるんだって。だから、①星をおとしに行こうよ。」

ノンタは自しんがありそうに、むねをはっています。

「また、ばかなことを言って。」

みんなは、わらいながら口ぐちに言いましたが、ビッキーだけが②目をキラキラさせて、

「本当？　だったら、ぼくが③学校のやねにのぼって、空からおとしてあげるよ。あんパンがたらふく食べられるよ。」

と言いました。

れんしゅう①

1 ――①「星をおとしに行こうよ」と言ったのはなぜですか。

2 ――②「目をキラキラさせて」とありますが、このときの気もちをえらんで、記ごうに○をつけましょう。

ア　ノンタがばかなことを言ったので、かなしんでいる。

イ　星がおちて、あんパンになったらいいなとよろこんでいる。

「星をはたいておとせるのかな？　もし、そうなら見てみたいな。」

　フクちゃんも言い出したので、みんなは、もし、星がおちてきてあんパンになったら、みんなでたくさん食べることができると思いなおしました。

「それじゃあ、ためしてみようか。」

　そこで、その日の夜、学校の木の下にあつまることにしました。

　ノンタは「あんパンが食べほうだいだなんて、ゆめのようだなあ。」と、うっとりと空を見上げました。

「④ノンタは本当にあんパンがすきなのね。」

　ミミちゃんとリンダはあきれて、ふうっと大きくためいきをつきました。

ウ　ありえないノンタの話をおもしろがっている。

3　**――③「学校のやねにのぼって、空からおとしてあげる」とありますが、おとしてあげるものは何ですか。**

4　**――④「ノンタは本当にあんパンがすきなのね」とありますが、このように言ったときの気もちをえらんで、記ごうに○をつけましょう。**

ア　ノンタのあんパンへの気もちがわかって、なんとか星をおとしてあげたいと思っている。

イ　ノンタがあんパンが食べほうだいだとしんじていることを、気のどくに思っている。

ウ　ノンタがあんパンを食べることばかり考えているので、こまったものだと思っている。

14-3

ものがたりを読む

気もちを読みとろう

れんしゅう②

つぎの文しょうを読んで、後のもんだいに答えましょう。

（前のページのつづきです。）

その日の夜、みんながあつまっているのに、ビッキーだけが来ません。

「おかしいな。やくそくをわすれちゃったのかな。」

①首をかしげていると、くらいやねの上からビッキーの声がしました。

「おーい、ぼくは②ここだよ。お昼のうちから、やねにのぼってまっていたんだ。」

目をこらすと、ビッキーがほうきをもってやねの上に立っていました。

「③ビッキー、もう、星をはたきおとしたの？」

ノンタがそわそわして聞きました。

---

1 ――①「首をかしげている」のときの気もちをえらんで、記ごうに○をつけましょう。

ア　はりきっていたビッキーが来ないので、どうしてだろうとふしぎに思っている。

イ　いつもちこくするビッキーのことだから、またちこくだと思っておこっている。

ウ　元気なビッキーが来ないのは、びょう気ではないかと心ぱいしている。

2 ――②「ここ」とは、どこのことですか。

「まあ、あわてないで。今、ほうきでおとしてあげるから。」

ビッキーは、何どもほうきを大きくふり回しました。でも、空から星がおちてくるようすはありません。みんながあきらめかけたその時です。空の星が一つ、つぅーとながれておちていきました。

「あっ、星がおちた。早く行ってあんパンをさがさなくちゃ。」

みんなが走りだそうとすると、目の前にリンゴ先生が立っていました。

「④あれは、ながれ星です。地めんにはおちません。それより、夜に子どもだけで出かけてはだめよ。」

リンゴ先生にそう言われて、みんなは頭をかきながら、「ごめんなさい。」とあやまりました。

3 ――③「ビッキー、もう、星をはたきおとしたの？」とありますが、このように言ったときの気もちをえらんで、記ごうに○をつけましょう。

ア ビッキーに早く星をおとしてもらいたくてたまらない。

イ ビッキーがもう星をおとしたのではないかとかんちがいしている。

ウ ビッキーが星をおとしたのをかくしているのではないかと気がかりだ。

4 ――④「あれはながれ星です。地めんにおちません」とリンゴ先生が言ったのはなぜですか。□にあてはまることばを書きましょう。

みんなが［　　　］と知らずに、星がおちて［　　　］になったと思いこんで、おちた星を［　　　］行こうとしたから。

15-1

くらべてみよう

カスタネットとけんばんハーモニカだね。

どちらもがっきね。

二つのものをくらべて、同じところと、ちがうところを見つけましょう。ひょうにせい理すると、もののとくちょうが、よくわかります。

カスタネットはたたくだけだけど、けんばんハーモニカはひくのがむずかしいよ。

どんな音が出るかな。

それぞれのとくちょうを、ひょうにせい理しましょう。

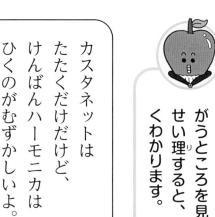

どんなことをくらべるかをきめてから、ひょうにまとめましょう。

	カスタネット	けんばんハーモニカ
何のなかまか	がっき	がっき
音の出し方	手でたたく。	いきをふきこみながら、けんばんをおさえる。
出せる音	同じ音しか出ない。	おさえるけんばんによって、ドレミなどの音が出る。

おうちのかたへ

このステップでは、二つのものを比べ、それぞれの特徴を表に整理することと、それを文章に表す練習をします。すべての教科において、資料をまとめる力や、自分の意見を発表する力につながるので、作業の手順を含めて、しっかり身につけておきましょう。

カスタネットとけんばんハーモニカをくらべて、わかったことを文しょうに書きましょう。

カスタネットとけんばんハーモニカをくらべました。同じところは、どちらもがっきのなかまだということです。

ちがうところは、二つあります。一つは音の出し方で、カスタネットは、手でたたいて鳴らし、けんばんハーモニカはいきをふいて鳴らします。

もう一つは、出せる音です。カスタネットは同じ音しか出ませんが、けんばんハーモニカはドレミなどの音が出ます。

くらべてみよう

れんしゅう

自てん車と一りん車をくらべます。絵を見て、同じところと、ちがうところをひょうにせい理しましょう。ひょうができたら、わかったことを文しょうに書きましょう。

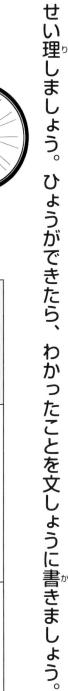

	自てん車	一りん車
何のなかまか		
車りんの数		
道ろを走れるか	道ろを走ることができる	人や車がいる道ろは走れない

文しょうに書くときは、同じところと、ちがうところに分けて書きましょう。

同じところや、ちがうところがいくつかあるときは、「ちがうところは二つあります。」のように、いくつあるかを書くと、読むときにわかりやすいですね。

16‥1

理ゆうを書こう①

わかりやすい文しょうを書くためには、きまった形があります。その形を理かいして、文しょうを書いてみましょう。

いけん
・子どもは外であそぶほうがよい。

理ゆう
・体がじょうぶになる。

いけんと、その理ゆうがはっきりとつたわる文しょうを書くには、どうすればよいでしょうか。下の文しょうを見てください。

わたしは、子どもは外であそぶほうがよいと思います。
なぜなら、体がじょうぶになるからです。

理ゆうを書く前に、「なぜなら」と書くのが、きまった形なのね。

れんしゅう

①つぎの二つのいけんについて、どちらかをえらんで○をつけ、その理(り)ゆうを考(かんが)えて書(か)きましょう。

いけん

・おふろより、シャワーをあびるほうがよい。　・シャワーより、おふろに入るほうがよい。

理(り)ゆう

②右のいけんと理(り)ゆうを、前(まえ)のページの書(か)き方(かた)にならって文しょうにしましょう。

わたしは、

なぜなら、

おうちのかたへ

論理的な文章を書くために、一定の型から書きはじめると書きやすくなります。まず、自分の意見を述べ、次に「なぜなら」と理由を述べるという型の文章を書くことに慣れましょう。

理ゆうを書こう②

書き方は、前のページと同じです。こんどは理ゆうが二つです。これができるようになったら、理ゆうを三つにして書きましょう。

いけん
・本をたくさん読んだほうがよい。
理ゆう
・ことばをたくさんおぼえることができる。
・いろいろなことを知ることができる。

わたしは、本をたくさん読んだほうがよいと思います。
その理ゆうは二つです。
まず、ことばをたくさんおぼえることができるからです。
つぎに、いろいろなことを知ることができるからです。

理ゆうが二つあるんだね。どう書けば、はっきりつたわるのかな。

理ゆうの数を書いてから、「まず」、「つぎに」と、理ゆうをせい理して書くのね。

れんしゅう

①つぎの二つのいけんについて、どちらかをえらんで○をつけ、その理ゆうを考えて書きましょう。

いけん
・クラスでウサギをかうとよい。
・クラスでウサギをかうのはよくない。

理ゆう（二つ）

②上のいけんと理ゆうを文しょうにしましょう。

わたしは、

その理ゆうは二つです。
まず、

つぎに、

17-1

間(あいだ)の文を考(かんが)えよう

まん中の「?」で、いったい　なにが　おきたのでしょう?
いろいろな　答(こた)えを　考(かんが)えてみましょう。

ジェットコースターののりばにいるね。

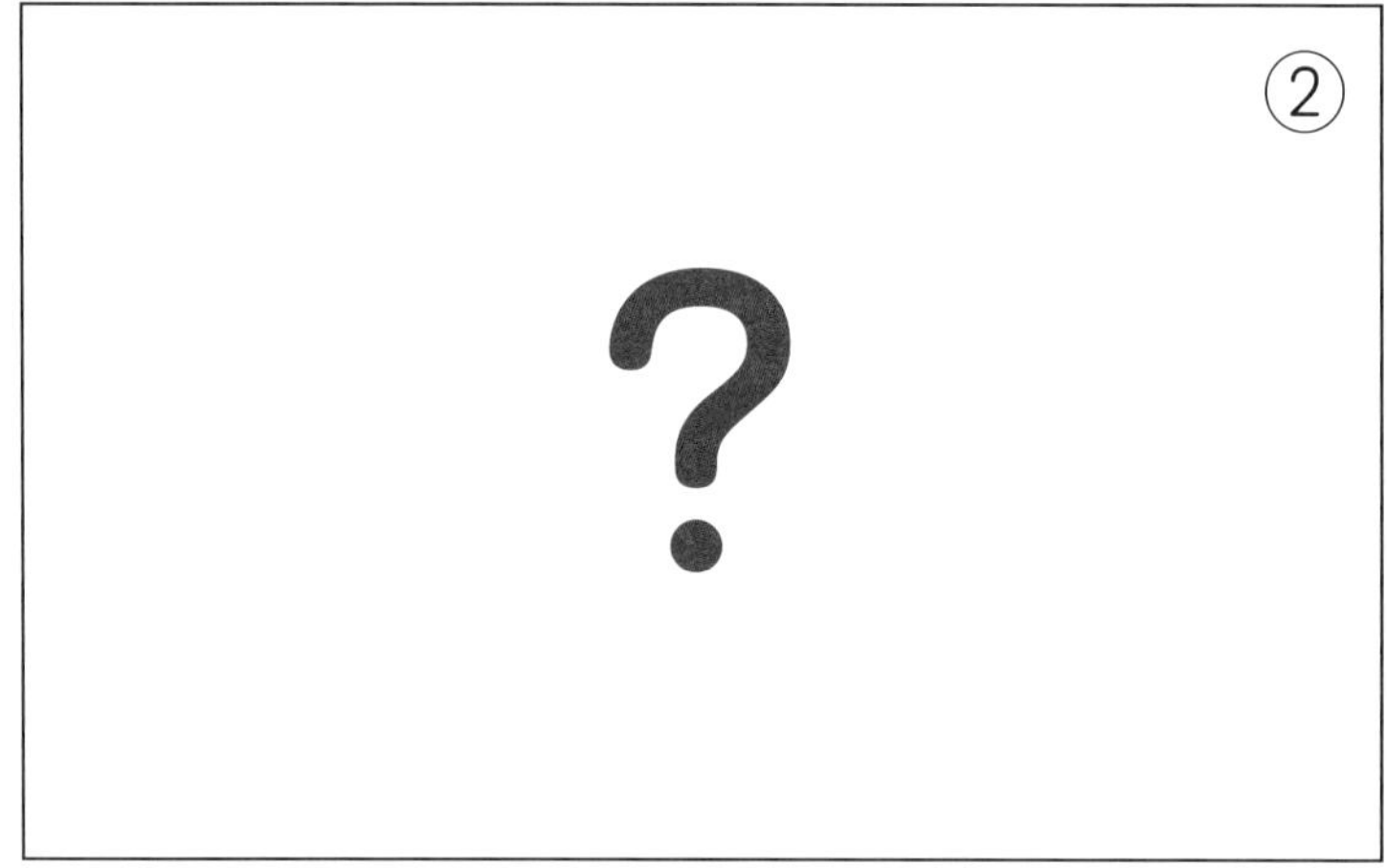

二人はジェットコースターにのっていないね。

①を見てください。フクちゃんとミミちゃんは、ジェットコースターにのろうとしています。でも、③では、かんらん車にむかっていますね。さて、間の「?」では、どんなことがあったと思いますか?

「あんな長いれつにならぶのはいやだなあ。ほかのにしようよ。」

いいわね、ビッキー。ほかにも、いろいろな答えがあるわよ。

ほかの答え

「見ているうちにジェットコースターにのるのがこわくなっちゃった。」

「しんちょうが百二十センチより高くないと、のれないんだって。」

などが考えられるね。

れんしゅう

間の文を考えよう

1

まん中の「?」で、いったいなにがおきたのでしょう?
いろいろな答えを考えてみましょう。

お母さんにあんパンがないって言われちゃった。

ノンタはなきやんでいるね。

● おうちのかたへ ●

解答は一つではなく、何通りも考えられる問題です。1コマめと2コマめ、2コマめと3コマめの関係で、論理の飛躍が見られないか注意して見てあげましょう。

2

お父さんはかぜをひいたんだね。

お母さんが、あわてて家から出かけたよ。

いけんを書こう

つぎの文しょうを読んで、あなたのいけんをいろいろな立場から考えて書いてみましょう。

あなたは、朝、ねつを出したのでびょういんに行くためにバスにのりました。すると、自分がすわったせきの前に、山のぼりのかっこうをしたおじいさんが立ちました。

さて、あなたはおじいさんにせきをゆずりますか。

何かのできごとにたいして、人によっていけんはちがいますね。それぞれの立場で、どう答えるか、考えてみましょう。

ゆうせんせきじゃないから、すわっていていいはずだよ。

お年よりの前ですわっていたら、かっこうわるいわよ。

①右の文しょうを読んで、「せきをゆずる」という立場で、いけんを書きましょう。

いけん

わたしは、せきをゆずったほうがよいと思います。なぜなら、

②右の文しょうを読んで、「せきをゆずらない」という立場で、いけんを書きましょう。

いけん

わたしは、せきをゆずらなくてよいと思います。なぜなら、

● おうちのかたへ ●

考え方は、人によって異なります。自分と同じ考えの人がいれば、違う考えの人もいます。反対の立場からも考えることによって、より広い視野や考え方が身に付きます。ゆずる、ゆずらないの両方の立場で、理由を明確にして考えてみることが大事です。

出口汪（でぐち・ひろし）

関西学院大学大学院文学研究科博士課程単位修得退学。（株）水王舎代表取締役、広島女学院大学客員教授、出口式みらい学習教室主宰。現代文講師として、入試問題を「論理」で読解するスタイルに先鞭をつけ、受験生から絶大なる支持を得る。そして、論理力を養成する画期的なプログラム「論理エンジン」を開発、多くの学校に採用されている。現在は受験界のみならず、大学・一般向けの講演や中学・高校教員の指導など、活動は多岐にわたり、教育界に次々と新規軸を打ち立てている。著書に『出口先生の頭がよくなる漢字』シリーズ、『出口のシステム現代文』、『出口式・新レベル別問題集』シリーズ、『子どもの頭がグンとよくなる！国語の力』（以上水王舎）、『日本語の練習問題』（サンマーク出版）、『出口汪の「日本の名作」が面白いほどわかる』（講談社）、『ビジネスマンのための国語力トレーニング』（日経文庫）、『源氏物語が面白いほどわかる本』（KADOKAWA）、『やりなおし高校国語：教科書で論理力・読解力を鍛える』（筑摩書房）など。

●出口式論理アカデミー
https://academy.deguchi-mirai.jp

●オフィシャルサイト
https://deguchi-hiroshi.com/

● X
@deguchihiroshi

改訂版 出口式
はじめての 論理国語 小2レベル
2024年3月31日　第1刷発行

著　者　出口　汪
発行人　出口　汪
発行所　株式会社　水王舎
　　　　大阪府豊中市南桜塚 1-12-19
電　話　080-3442-8230

装　幀　松好 那名
イラスト　設樂みな子
編集協力　石川 享
編　集　出口寿美子
印刷・製本　日新印刷

ISBN978-4-86470-201-0

https://www.suiohsha.co.jp

改訂版

出口式

はじめての論理国語

小2レベル

解答・解説

完全スパイラル形式について

学習は同じ項目をただ繰り返すよりも、らせん階段をのぼるように、新しい事項を交えつつ徐々にレベルを上げることで最大の効果が得られます。本書は言語能力習得に最適なカリキュラムを完全スパイラル方式で組んでいます。苦手な個所に突き当たった場合は、その学習の助けとなる基礎レベルへの復習ガイドがついているので安心です。

各ステップのねらいと学習目的

ステップ1　具体と抽象

言葉を使わずに何かを考えようとしたなら、たちまちカオス（混沌）の中に投げ出されてしまいます。

私たちは言葉で世界や情報を整理しています。その整理の仕方が論理なのです。

その中でも「イコールの関係」は最も大切なものです。

A君、B君、C君の共通点を抜き取れば、「男」となります。

このとき、A君、B君、C君が具体だとすれば、「男」は抽象です。この具体と抽象の関係が、「イコールの関係」です。

接続語の学習の際に、「つまり」は具体的なものをまとめるとき、「たとえば」は逆に具体例を挙げる時に使う言葉だと説明します。

つまり＝抽象　たとえば＝具体

と考えることができるのです。実はこの抽象と具体の関係を理解できるかが、論理的思考にとってとても大切です。なお、本書では抽象化した言葉を、小学低学年でもわかるように「まとめることば」、それに対して、具体を表す言葉を「なかまのことば」と呼んでいます。

ステップ2　対立関係

「イコールの関係」の他に、私たちは世界を「対立関係」でも整理しています。

「空と海」「神と悪魔」「正義と悪」、「人、たとえば男と女」「方向、たとえば右と左」などのように、「イコールの関係」と「対立関係」を使って物事を整理した上で、ものを考えたり感じたりしています。

いわば、すべての思考は言葉の整理（論理）から出発するのです。

このステップでは「対立関係」の第一歩である、「はんたいのことば」を学習しましょう。

ステップ10の文と文とのつながりにおいて、反対の内容をつなぐときには↔という記号を使います。文における対立関係が「逆接」です。

このステップでは、名詞ではなく、述語（用言）で反対の言葉を考えます。

この「イコールの関係」「対立関係」をおさえるメリットは、小学校低学年レベルではまだ見えにくいのですが、学年が高くなって高度な文章を読むようになった際に大きな威力を発揮します。まさに論理的読解の鍵となる頭の使い方なのです。

ステップ3　因果関係

何か物ごとがおこる際には、原因があります。この原因と結果のことを「因果関係」といいます。

実は、「因果関係（理由づけ）」は、「イコールの関係」「対立関係」と並んで、最も大切な論理的関係です。

さらにこの先に学習する、未来指向型のクリティカル・シンキングにとっても、なくてはならない考え方なのです。

まずは二つの文のどちらが原因で結果であるのか区別できるようになりましょう。あわせて因果関係の接続語「だから」と「なぜなら」を学習します。

ステップ4 文の成り立ち

どんな長い文章であっても、一文が集まって成り立っていますから、まずは一文を正確に扱えない限り、文章を論理的に読んだり書いたりすることはできないのです。

一文は中心となる要点と、それを説明する飾りの言葉とで成り立っています。その要点となる言葉が、主語と述語、そして目的語です。それさえつかめば、どんな複雑な文でも正確に内容を把握することができるようになります。

それは、英語において文の骨格であるSV、SVOなどがわかれば、後は修飾句や関係詞が付随するだけであるのとまさに同じです。

また、文の要点なのか、要点を飾る箇所なのかを常に意識することで、言葉を何となく扱うことはなくなり、文章に取り組む姿勢が大きく違ってくるようになります。

ステップ5 文の構造の理解

論理力養成にとって、要点となる言葉と飾りとなる言葉の峻別が重要な鍵となります。どんなに長い文章でも要点をつかむことができれば、正確かつ迅速に内容を理解できるようになるからです。

また、一文の要点を読み取ることは、文の構造を論理的に解析することにもなるのです。

そのために、ここでは一文の要点である主語・述語・目的語を読み取っていきます。最初は難しいかもしれませんので、◯△□と視覚的にとらえることからのスタートです。

なお、一文の要点を発見する際は述語から探すようにしてください。そして、次に「誰が（主語）」あるいは「何を（目的語）」と順番に探していきます。この順番が重要です。なぜなら、日本語では主語が省略されることが多いからです。

ステップ6 修飾語

一文が要点と飾りとから成り立っていることは、既に学習しました。ここではその飾りの言葉を学習します。

たとえば、私が毎日水をやった鉢植えの花が咲いたとしましょう。私の花はこの世に一つしかないのですが、「花が咲いた。」では私が伝えたいことを何一つ伝えているとはいえません。なぜなら、「花」という言葉は世界中の花の共通点を抜き取った言葉であり、私が育てた花を指しているのではないのです。

そこで、「私の花」とか、「私が毎日水をやった鉢植えの花」とかいうように、飾りをつけなければならないのです。その飾りの言葉を修飾語とか、説明する言葉といいます。

名詞（体言）を修飾する品詞には連体詞、用言（述語になる言葉）を修飾する品詞には副詞があります。

ステップ7 助詞

助詞は付属語で、活用しないものです。

単語が集まって一文ができるのですが、その単語と単語をつなぐには助詞の働きが大きいのです。

そのため、一つの文の中には数多くの助詞が使われることになります。

普段の会話の中で無意識的に数多く使っている言葉ですので、慣れの要素も大きいです。そのため無理に覚えようとせずに、このような問題を解く際に自分のいつもの使い方で間違いがないか、まとめて確認するようにしましょう。

ステップ8 助動詞

ステップ8では助動詞の学習を行います。

単語は大きく分けて、単独で意味を持つ自立語と、単独で意味を持たない付属語とがあります。

付属語は自立語に付いて、意味上の最小限の単位である文節を作ります。その文節が集まって一文ができあがるのです。

付属語には活用する助動詞と、活用しない助詞とがあります。

この助動詞は用言である動詞・形容詞・形容動詞に付いて文節を作るのですが、その時、付かれる側の用言の形は変わります（活用）。

国語が英語ほどたっぷりと時間をかけて文法を学習しなくてよいのは、たとえば、過去形・未来形・否定形・疑問形・受け身形など、そのほとんどが助動詞によって表現されるために、助動詞をおさえれば大半のことがカバーされるからです。

なお、小2レベルの段階では、助動詞の代表的な意味と、用言の形が変わることを理解できたら十分です。

ステップ9 文の要点の理解

国語の試験問題で最も多く出題されるのは要約です。出題者側は要約させることによって、受験生がその文章を理解しているか見ることができるからです。

そこで、まず一文の要約を練習しましょう。

これまで要点を発見する練習をしてきました。一文では、主語・述語、あるいは主語・述語・目的語が要点で、それ以外は飾りの言葉でしたね。

逆に、要点となる主語・述語・目的語を取り出して一文を作成すれば、要約文の土台ができあがるのです。

まさに今まで学習してきた主語と述語、要点と飾りの関係が理解できているかどうかがポイントです。

ステップ10 接続語

連続する前の文と後の文との間には論理的関係（つながり）があります。「だから」「しかし」「つまり」「たとえば」「なぜなら」などの接続語は、その関係性を示しているのです。

接続語問題で間違える子どもは二文の論理的関係など考えず、ただ語感だけで空所に言葉を入れているから、いつまでも合ったり間違ったりを繰り返すのです。本書では、語感ではなく二文の論理的関係をきちんと考えさせるために、記号で二文の関係を表現させることにしています。

まずは大きく三つの関係に分けて考えます。

・前の文と後の文が因果関係（原因と結果）にある（←）（→）
・前の文と後の文が対立関係（逆接）にある（↔）
・前の文と後の文がイコールの関係（例示・言い換え）にある（＝）

「しっくりくるかどうか」という語感で接続語を決めようとしているうちは、合ったり間違ったりを繰り返して成績が上昇することは決してありません。しかし、このように記号から接続語を考える習慣をつけることで、接続語問題は百発百中の正答率になるのです。

ステップ11 指示語の理解

文を論理的に理解するための言葉には、接続語以外に指示語があります。

基本的には前に述べたことを、後でもう一度述べるときに指示語を使います。だから、「指示語」＝「前に述べたこと」という論理的な関係があるのです。このとき、「前に述べたこと」を指示内容といいます。

さらに指示語を使い分けるときは、自分とものとの距離から、近い順に「これ」「それ」「あれ」と使い、わからないときは「どれ」を使います。そのため、指示語のことを「こそあど言葉」ともいうのです。

この指示語も感覚で何となく使うのではなく、言葉の規則としての正確な使い方をマスターしましょう。

ステップ12 ５Ｗ１Ｈ

ここでは描写スキルの基本を学習します。情報を相手に正確に伝えるときには、５Ｗ１Ｈ、つまりwho（誰が）what（何を）when（いつ）where（どこで）why（なぜ）how（どのように）といった情報は欠かせません。

とくに「いつ」「どこで」という時間と場所の情報は、何かを伝えるときになくてはならないものです。

子どものうちから、普段の会話でも「いつ」「どこで」をはっきりと示す習慣をつけましょう。もし、学校であった事などを思いつくまま話すようでしたら、「いつ？」「どこで？」と質問して、５Ｗ１Ｈを意識させるよう導いてあげてください。

自分で５Ｗ１Ｈを意識して書いたり、話したりできるようになるために、最初は文章の中から５Ｗ１Ｈを読み取れるようになりましょう。

ステップ13 説明文の読解

いよいよまとまった文章の読解法を学習します。試験に出題される代表的な文章は、説明文と物語文です。それぞれ読み方・解き方が異なるので注意が必要です。

説明文のうち、意見文とは筆者の意見を不特定多数の読み手に対して、筋道を立てて説明した文章のことを言います。そのために、「筆者の意見」は何か、どのような筋道（論理）を立てて説明しているのかを読み取ることが大切です。

また、筆者が何について書いているのか、「話題」も意識しましょう。

このように説明文を筋道立てて読解することは、論理力を鍛えるために最も効果のある方法です。

ステップ14 物語文の読解

説明文と並んで、物語文は最も多く出題されます。この物語文は、どのように読み、どのように解くのかが最も大切です。

これを知らない子どもたちは狭い自分の生活感覚で、無意識のうちに作品を勝手に再解釈してしまいます。子どもたちの感性や生活感覚は一人ひとり異なる以上、このような解釈の仕方では、高得点が取れるかどうかは運次第となってしまいます。

大切なのは客観性です。まずは問題文が、どのような場面であるか客観的に読み取ることができるようにしましょう。

次に、もっとも多く出題される登場人物の心情を読み取る問題においては、自分の感覚ではなく、問題文中の客観的な根拠を必ずつかまえる習慣をつけましょう。

実は物語文の読解は、物事を主観的にとらえるのではなく、客観的・多角的に捉えるクリティカル・シンキングの力を大いに鍛えてくれるのです。

ステップ15 比較問題

物事をそれ単独で見るのではなく、何かと比較することによって、その特色がより明確になることがあります。それを対比といいます。

単語レベルでは、ステップ２で反対語を学習しました。今回は、単語レベルではなく、二つの物事を比較し、その共通点と相違点とを考察します。そして、それらを整理し、表を作成していきます。

これらは論理的思考の訓練となるだけでなく、次の課題となる「作文の基礎」にもつながるものなのです。

ステップ16 作文の基礎

作文の学習ですが、「はじめての論理国語」では、単に思いつきで行きあたりばったりに書くのではなく、論理的に文を書く練習をしていきます。

文章を論理的に読むことができたなら、ステップ15で学習したように、論理的に整理することができます。そして、次は論理的に書くことができるようになるのです。

今回は原因（理由）→結果という因果関係を意識した練習です。主張には必ず理由が必要です。最初は理由を一つ、次には理由を二つ考える練習をしていきましょう。また、一文を書くときは、要点と飾りを意識して、正確な文を書くようにします。

ステップ17 クリティカル・シンキングの問題

いよいよクリティカル・シンキングの力を養う問題です。

クリティカル・シンキングの力は、子どもたちが社会に出てから必要となる、生きる力そのものでもあります。

今までの教育においては、教科書や先生が用意してくれた答えを絶対的に正しいと信じ、それを模倣・吸収すればいいという風に流れがちでしたが、現実社会では、たった一つの絶対的な正解などありえません。問題となっている事象について、主観を排して様々な角度から分析し、答えとして考え得る複数の可能性からより適したものを選び取る必要があります。それがクリティカル・シンキングの基本です。そして、その基礎となるのが因果関係です。

本ステップでは、その基礎的な訓練として因果関係力を身に付ける問題と自分の意見を書く練習をします。とくに、賛成と反対というように、正反対の立場から物事を考えてみることが大切です。

もちろん、答えは人により様々ですが、その意見に至った理由をしっかりと述べられるようにしなければなりません。根拠のない、ただの思いつきでは正解とはならないことに注意してください。

あくまで論理的な手続きがしっかりとしていることが条件です。そのために、今まで論理を学習してきたのですから。

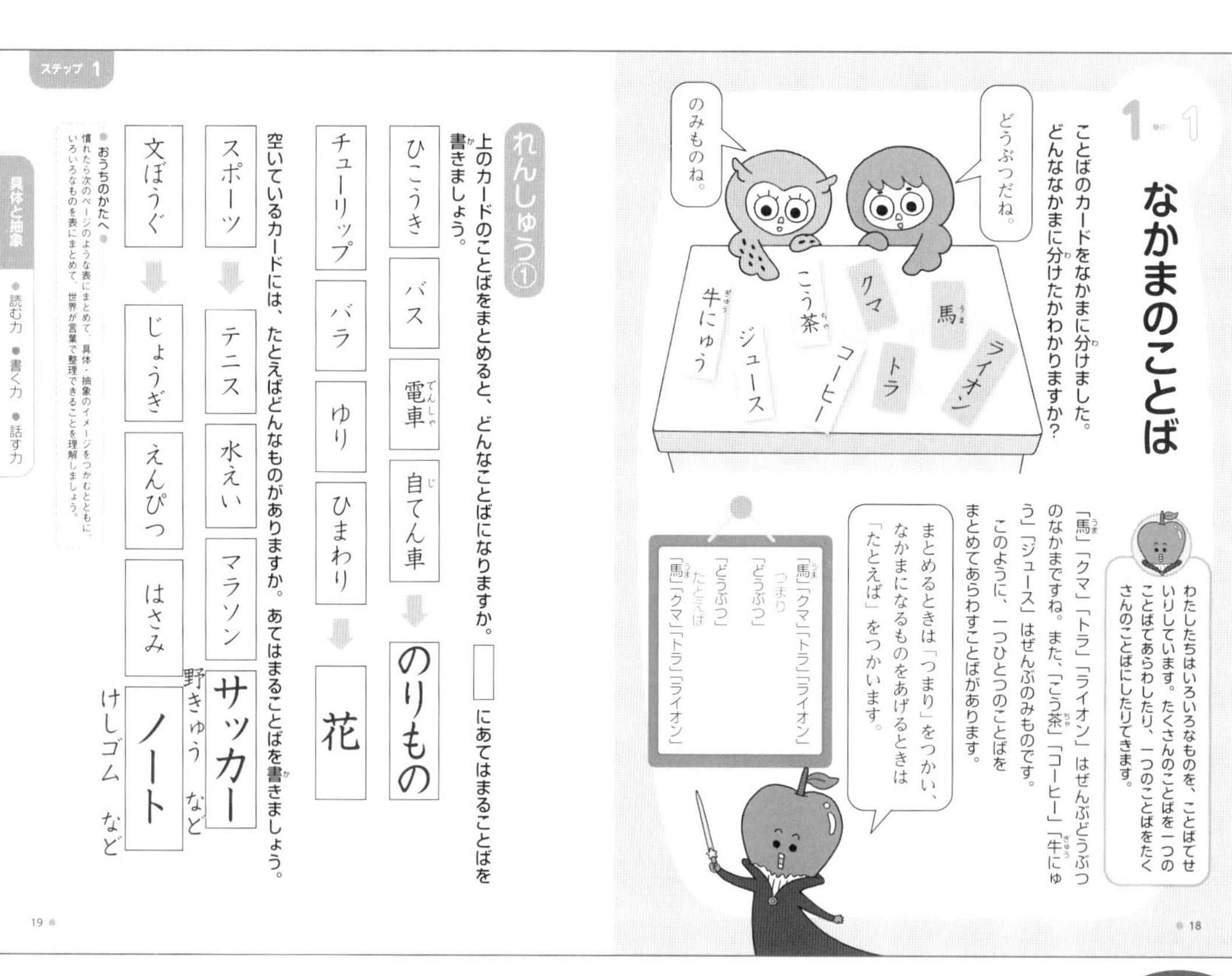
1-1 なかまのことば

ことばのカードをなかまに分けました。どんななかまに分けたかわかりますか？

わたしたちはいろいろなものを、ことばでせいりしています。たくさんのことばを一つのことばであらわしたり、一つのことばをたくさんのことばにしたりできます。

「馬」「クマ」「トラ」「ライオン」はぜんぶどうぶつのなかまですね。また、「こう茶」「コーヒー」「牛にゅう」「ジュース」はぜんぶのみものです。

このように、一つひとつのことばをまとめてあらわすことばがあります。

18

ステップ1

れんしゅう①

上のカードのことばをまとめると、どんなことばになりますか。□にあてはまることばを書きましょう。

ひこうき　バス　電車　自てん車　→　のりもの

チューリップ　バラ　ゆり　ひまわり　→　花

空いているカードには、たとえばどんなものがありますか。あてはまることばを書きましょう。

スポーツ　→　テニス　水えい　マラソン　サッカー　野きゅう　など

文ぼうぐ　→　じょうぎ　えんぴつ　はさみ　ノート　けしゴム　など

●おうちのかたへ
慣れたら次のページのような表にまとめて、具体・抽象のイメージをつかむとともに、いろいろなものを表にまとめて、世界が言葉で整理できることを理解しましょう。

具体と抽象　●読む力　●書く力　●話す力

19

ステップ1-1 なかまのことば

学習のねらい

ステップ1は具体から抽象へ、抽象から具体へ、という頭の使い方の練習です。

まず具体的なものを抽象化する頭の使い方を学習します。具体→抽象という論理的思考法を、帰納法といいます。

ここでは小学低学年でもわかるように「まとめることば」としました。「馬」「クマ」「トラ」「ライオン」の共通点を抜き取れば、「動物」です。

次に、抽象化した概念から、それぞれ具体的なものを指摘する学習をします。抽象→具体という論理的な思考法を、演繹法といいます。抽象化した言葉を「まとめることば」としたのに対し、具体を「なかまのことば」としています。「どうぶつ」に対して、「たとえば」と聞かれれば、「馬」「クマ」「トラ」「ライオン」というように、個々の動物名を答えます。

れんしゅう①

まず、具体的なものから、それらを「まとめることば」を考えます。「ひこうき」「バス」「電車」「自てん車」を抽象化すると「のりもの」です。「チューリップ」「バラ」「ゆり」「ひまわり」を抽象化すると「花」になります。

次は、抽象から具体を指摘する問題です。この場合、必ず答えの抽象度をそろえるようにしてください。

「スポーツ」の具体例なら、何でも○です。しかし、マリンスポーツやウインタースポーツといったジャンルの名称を述べた場合は、テニス、水泳な

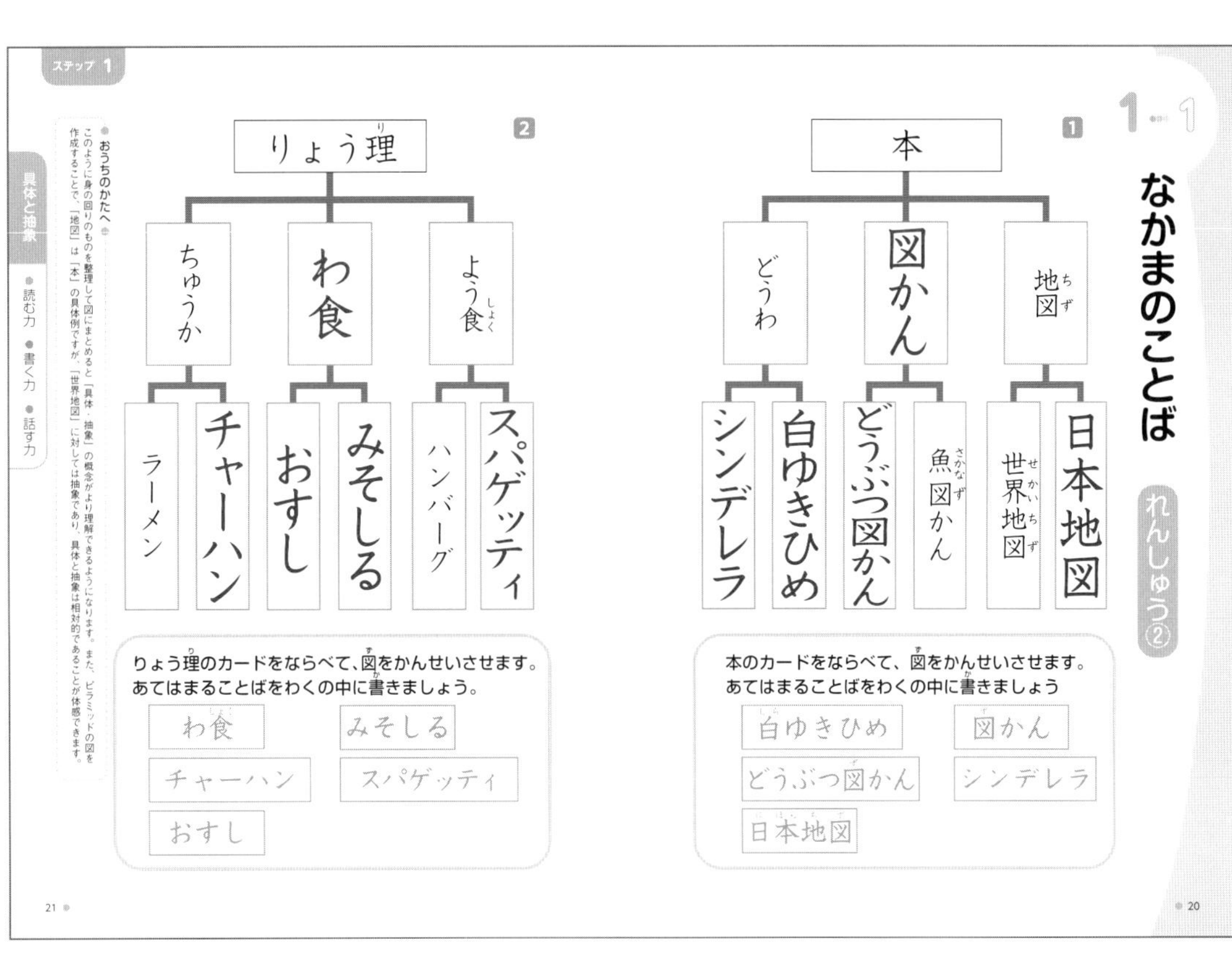

どとは抽象度が異なりますので、×とします。

「文ぼう具」の具体例なら、何でも○です。ここで紙、筆記具などの答えが出てきた場合は、抽象度が異なるので×となります。

苦手な子はスパイラル

小1レベル・ステップ1で復習しよう

れんしゅう②

具体と抽象の関係は絶対的なものではなく、実は相対的な関係にすぎません。そのことを理解させるための問題です。

たとえば、「男」という言葉は「A君、B君、C君」という言葉に対して抽象的だといえます。ところが、同じ「男」という言葉でも、「人間」という言葉に対しては具体を表しているのです。

そして、言葉のピラミッドでもう一つ気を付けるべきことは、横一列にならぶ言葉の抽象度は必ずそろえるということです。

この言葉のピラミッドを作成すると、具体・抽象とはあくまで相対的なものだとわかるようになります。

このピラミッドは形からわかるように、上に行くほど抽象度が高くなっていきます。逆に、下に行くほど具体的になるのです。

苦手な子はスパイラル

小1レベル・ステップ1－3で復習しよう

1-1 なかまのことば　れんしゅう③

1 つぎの文しょうの――のことばは、何のことでしょう。「れい」のようにして書きましょう。

れい　学校では、いろいろな生きものをかっています。たとえば、ウサギやメダカです。

ウサギ　メダカ

学校の先生は、たくさんのしごとをもっています。たとえば、じゅぎょうをすること、プリントを作ること、家ていほうもんなどです。

じゅぎょうをすること

プリントを作ること

家ていほうもん

22

ステップ1

2 つぎの文しょうの――のぶぶんをまとめると、□のことばになります。「れい」のようにして、あてはまることばを書きましょう。

れい　ぼくは、□をとるのがすきです。たとえば、夏休みには、バッタ、トンボ、セミをつかまえました。

虫（こんちゅう）

わたしは、家で□をたくさんしたいと思います。たとえば、ごはんのときにおさらをかたづけたり、ゴミを出したり、新聞をとってきたり、犬小屋をそうじしたりすることです。

お手つだい

●おうちのかたへ●
文章の中で、具体・抽象を探す問題です。「たとえば」という接続語に着目します。「たとえば」の前に書いてあることが抽象、後に書いてあることが具体です。

具体と抽象　●読む力　●書く力　●話す力

23

れんしゅう③

具体と抽象の関係を文章に当てはめていきます。問題を解くことで、理解を深めましょう。

1 例文は「いろいろな生きもの（抽象）」に対して、具体例は「ウサギ」と「メダカ」です。これが抽象→具体という頭の使い方です。

問題は、「たくさんのしごと（抽象）」に対して、具体例は「じゅぎょうをすること」「プリントを作ること」「家ていほうもん」です。

2 今度は具体例を抽象化します。

例文は、バッタ・トンボ・セミが具体例で、それらをまとめたものが「虫」です。これが、具体→抽象という頭の使い方です。

問題文の傍線直前に「たとえば」とあることに注目しましょう。この接続語は具体例を表すしるしとなります。「ごはんのときにおさらをかたづけたり」「ゴミを出したり」「新聞をとってきたり」「犬小屋をそうじしたり」はすべて具体例で、それらをまとめたものが「お手つだい」なのです。

苦手な子はスパイラル　小1レベル・ステップ1で復習しよう

2…1

はんたいのことば

あることばと、はんたいのいみになることばがあります。はんたいのことばは二ついっしょにおぼえておくとよいですよ。

ミミちゃんとフクちゃんのことばを文にあらわすと、つぎのようになります。

ゾウは大きい。
それにたいして、
小鳥は小さい。

「大きい」と「小さい」ははんたいのいみのことばです。そして、はんたいのいみの文と文のあいだには、「それにたいして」ということばが入ります。

24

ステップ 2

れんしゅう①　上の［　］のことばと、はんたいのことばを書きましょう。

① 話す　のはんたいは　聞く
② おきる　のはんたいは　ねる
③ うれしい　のはんたいは　かなしい
④ 多い　のはんたいは　少ない

おうちのかたへ
対立関係を学ぶために、まずは単語単位で反対の言葉が言えるように練習をしましょう。反対の言葉がすらすら言えるようにすると、語彙量を格段と増やすことができます。

対立関係　読む力　書く力　話す力

25

ステップ 2…1 はんたいのことば

学習のねらい

世界を整理する方法には、「イコールの関係」ともうひとつ、「対立関係」がありました。

ここではその第一歩として、「はんたいのことば」を学習します。といっても、今回は「動物と植物」「白と黒」といった〝反対の名詞〟だけではなく、〝反対の述語〟を意識する練習もします。

「はんたいのことば」は、「それにたいして」で表します。「大きい」の反対は「小さい」、「あつい」の反対は「さむい」ですね。

れんしゅう①

反対語は対で覚えましょう。日常生活の場でも、「『好き』の反対は何？」といった具合に、クイズ感覚で質問してみるのも効果的です。

このくらいの年齢は、言葉に興味を抱く時期なので、普段の会話の中で語彙力を増やしていくように心がけてください。

苦手な子はスパイラル　小1レベル・ステップ2で復習しよう

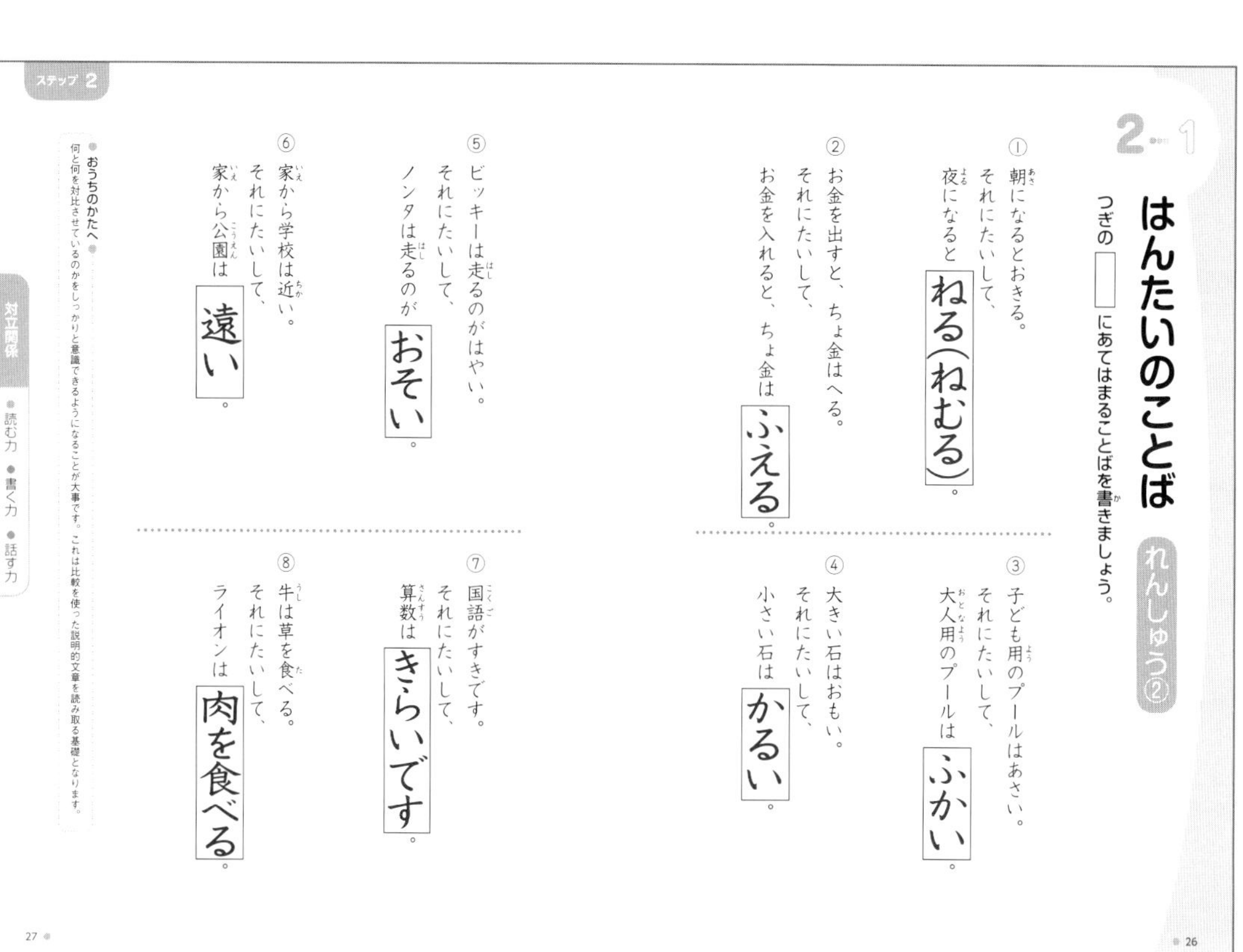

ステップ 2

2-1

はんたいのことば　れんしゅう②

つぎの□にあてはまることばを書きましょう。

① 朝になるとおきる。
それにたいして、
夜になると ねる(ねむる)。

② お金を出すと、ちょ金はへる。
それにたいして、
お金を入れると、ちょ金は ふえる。

③ 子ども用のプールはあさい。
それにたいして、
大人用のプールは ふかい。

④ 大きい石はおもい。
それにたいして、
小さい石は かるい。

⑤ ビッキーは走るのがはやい。
それにたいして、
ノンタは走るのが おそい。

⑥ 家から学校は近い。
それにたいして、
家から公園は 遠い。

⑦ 国語がすきです。
それにたいして、
算数は きらいです。

⑧ 牛は草を食べる。
それにたいして、
ライオンは 肉を食べる。

● おうちのかたへ ●
何と何を対比させているのかをしっかりと意識できるようになることが大事です。これは比較を使った説明的文章を読み取る基礎となります。

対立関係　●読む力　●書く力　●話す力

26　27

れんしゅう②

れんしゅう①が単語レベルだったのに対して、ここでは文と文との関係を学びます。「それにたいして」という言葉があれば、前の文と反対の内容の文がくることを意識するようにします。

①「朝」と「夜」が対立関係なので、「おきる」と反対の言葉が答えです。
②「出す」と「入れる」が対立関係なので、「へる」と反対の言葉が答えです。
③「子ども」と「大人」が対立関係なので、「あさい」と反対の言葉が答えです。
④「大きい」と「小さい」が対立関係なので、「おもい」と反対の言葉が答えです。
⑤ここからは反対語でないことに注意。
「ビッキー」と「ノンタ」が対立関係になっているので、「はやい」と反対の言葉が答えです。
⑥「学校」と「公園」が対立関係になっているので、「近い」と反対の言葉が答えです。
⑦「国語」と「算数」が対立関係になっているので、「すき」と反対の言葉が答えです。
⑧「牛」と「ライオン」が対立関係になっているので、「草」と反対の言葉が答えです。

☆なぜ「牛」と「ライオン」が対立関係になっているのかと聞かれたら、「それにたいして」があるからだと教えてください。

苦手な子はスパイラル ⇒ 小1レベル・ステップ2で復習しよう

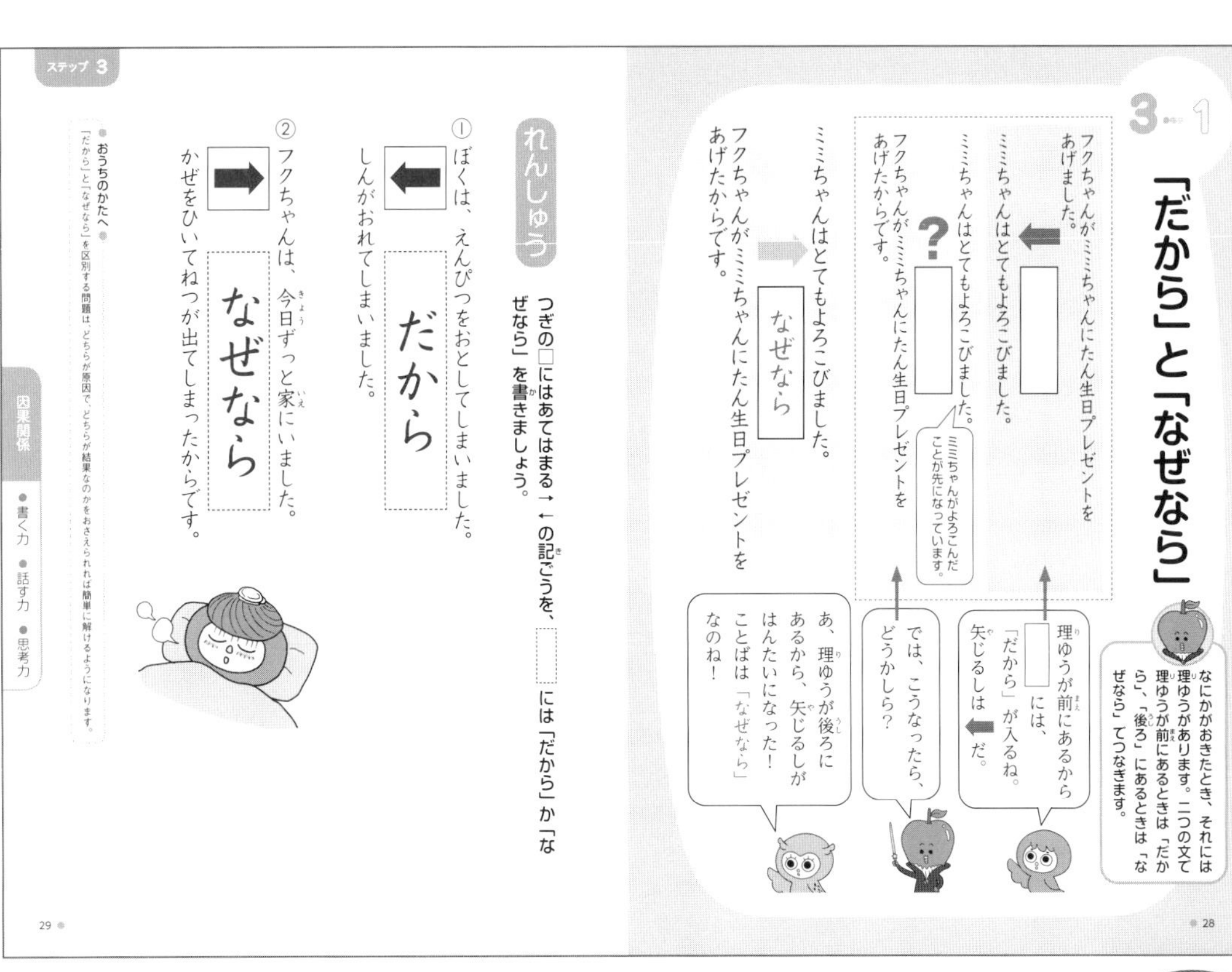
ステップ 3

3-1 「だから」と「なぜなら」

なにかがおきたとき、それには理ゆうがあります。二つの文で理ゆうが前にあるときは「だから」、「後ろ」にあるときは「なぜなら」でつなぎます。

フクちゃんがミミちゃんにたん生日プレゼントをあげました。
⬅ □
ミミちゃんはとてもよろこびました。

ミミちゃんはとてもよろこびました。
？ □
フクちゃんがミミちゃんにたん生日プレゼントをあげたからです。

ミミちゃんはとてもよろこびました。
➡ なぜなら
フクちゃんがミミちゃんにたん生日プレゼントをあげたからです。

28

れんしゅう　つぎの□にはあてはまる→←の記ごうを、□には「だから」か「なぜなら」を書きましょう。

① ぼくは、えんぴつをおとしてしまいました。
⬅ だから
しんがおれてしまいました。

② フクちゃんは、今日ずっと家にいました。
➡ なぜなら
かぜをひいてねつが出てしまったからです。

おうちのかたへ
「だから」と「なぜなら」を区別する問題は、どちらが原因で、どちらが結果なのかをおさえられれば簡単に解けるようになります。

因果関係　●書く力　●話す力　●思考力

29

ステップ 3-1 「だから」と「なぜなら」

学習のねらい

「だから」という言葉は、因果関係を表す言葉です。具体的には前の文の出来事が原因で、後ろの出来事が起こったときに使います。

それとは正反対に、後ろの文が原因となって前の文の出来事が起こった場合に使う言葉としては「なぜなら」があります。

原因と結果の順番が逆になるのですから、当然使う矢印も逆方向（→）になりますね。

なお、「なぜなら」を使う際は、必ず「～から」という言葉で理由を示すのが決まりです（副詞の呼応関係といいます）。

この「だから」「なぜなら」は後に学習するクリティカル・シンキングにとって、もっとも重要な論理的考え方（因果関係）の核となります。

れんしゅう

①前文の「ぼくは、えんぴつをおとしてしまいました」が原因で、その結果、後文の「しんがおれてしまいました」となります。そこで、記号は←。接続語は「だから」です。

②後文の「かぜをひいてねつが出てしまった」が原因で、前文の「フクちゃんは、今日ずっと家にいました」という結果となるので、記号は→。接続語は「なぜなら」です。

苦手な子はスパイラル　小1レベル・ステップ8で復習しよう

ステップ 4

4…1

主語とじゅつ語

主語とじゅつ語は、文のはしらのようなものです。どんなことばなのか、しっかり理かいしましょう。

えっ！とべるの？

左の文の「〜が・〜は」をあらわすことばに　のしるしを、「どうする」「どんなだ」をあらわすことばに　のしるしをつけました。

だれが　どうする
フクちゃんが　とぶ　。

「フクちゃんが」のように　でかこまれることばを主語といいます。主語は、文の主、つまり主人となる「人・もの」をあらわします。
そして、「とぶ」のように　でかこまれることばをじゅつ語といいます。
じゅつ語は、主語がどんなうごきをしたか（→「どうする」）、どんなようすか（→「どんなだ」）、何であるか（→「何だ」）のように、主語のうごきやようすなどをせつ明することばです。

左の文の主語とじゅつ語にも、同じようにしるしをつけてみました。

主語は、「だれが」のことばだから、「ミミちゃんが」ですね。

だれが　どうする
ミミちゃんが　歌う　。

そしてじゅつ語は「どうする」のことばだから、「歌う」です。

文の成り立ち
● 読む力　● 書く力

31　30

ステップ 4…1 主語とじゅつ語

学習のねらい

主語と述語を読み取ることが本問の目的です。

「誰が」・「何が」に当たる言葉が主語。

「どうする」・「どんなだ」・「何だ」に当たる言葉が述語です。

まずは要点となる主語と述語を意識できるように、本書では主語が赤い◯、述語が黄色い□という具合に、色や形を使って徐々に慣れていくようにします。

日本語は主語と述語を中心とした言葉なので、必ずこれらを意識するようにしましょう。

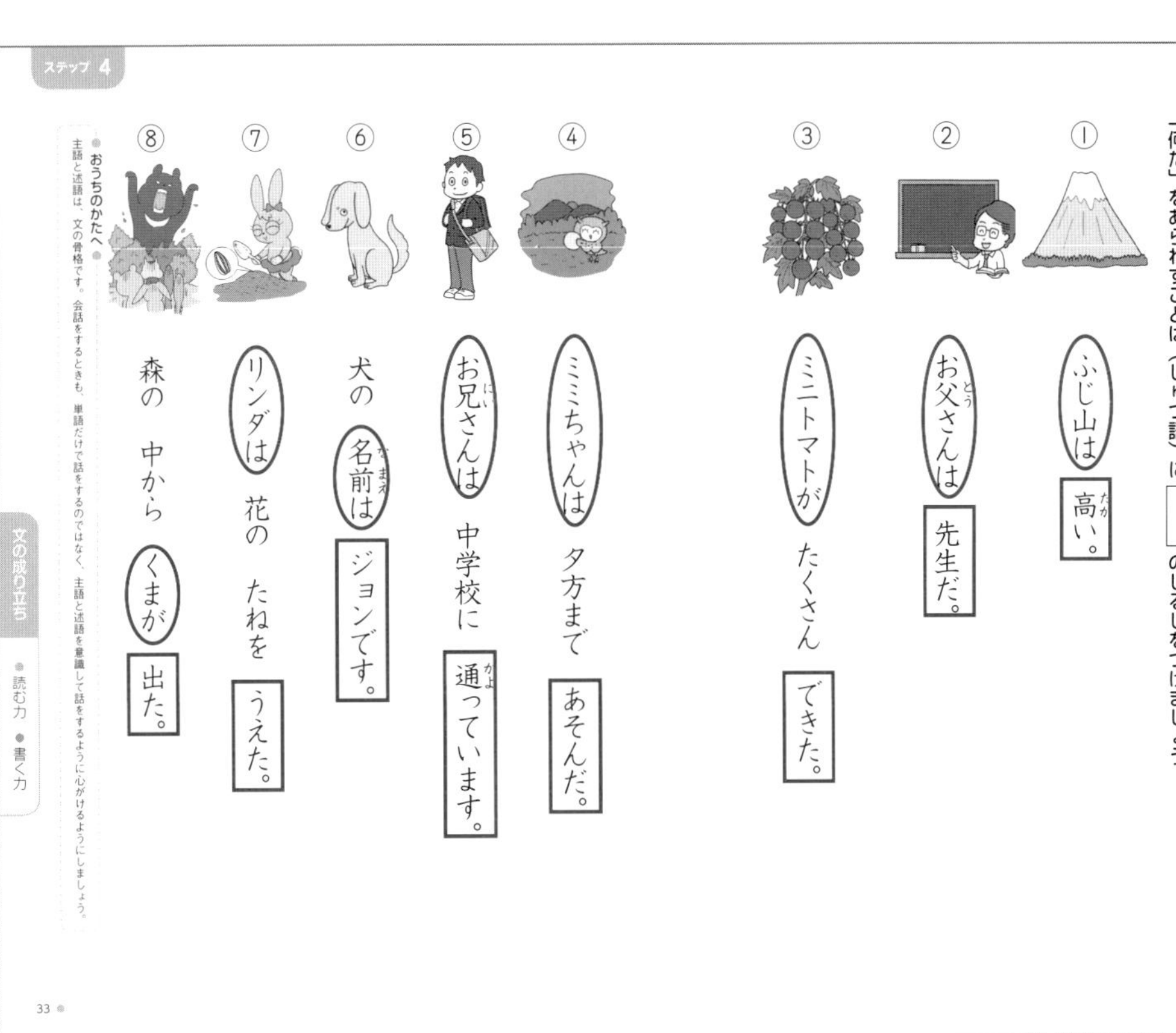
ステップ4

4-1 主語とじゅつ語　れんしゅう

左の文の「～が・～は」をあらわすことば（主語）に○のしるしを、「どうする」「どんなだ」「何だ」をあらわすことば（じゅつ語）に□のしるしをつけましょう。

① ふじ山は　高い。

② お父さんは　先生だ。

③ ミニトマトが　たくさん　できた。

④ ミミちゃんは　夕方まで　あそんだ。

⑤ お兄さんは　中学校に　通っています。

⑥ 犬の　名前は　ジョンです。

⑦ リンダは　花の　たねを　うえた。

⑧ 森の　中から　くまが　出た。

●おうちのかたへ
主語と述語は、文の骨格です。会話をするときも、単語だけで話をするのではなく、主語と述語を意識して話をするように心がけるようにしましょう。

文の成り立ち　●読む力　●書く力

32　33

れんしゅう

最初は主語と述語だけで成り立っている簡単な文です。

①「なにが」↓「ふじ山は」、「どんなだ」↓「高い」。

②「だれが」↓「お父さんは」、「何だ」↓「先生だ」。

ここからは余分な言葉（飾りの言葉）が一つ入って、三語になります。

③「なにが」↓「ミニトマトが」、「どうした」↓「できた」。

④「だれが」↓「ミミちゃんは」、「どうした」↓「あそんだ」。

⑤「だれが」↓「お兄さんは」、「どうした」↓「通っています」。

⑥「なにが」↓「名前は」、「何だ」↓「ジョンです」。

最後は四語文から主語と述語を読み取ります。

⑦「だれが」↓「リンダは」、「どうした」↓「うえた」。

⑧「だれが」↓「くまが」、「どうした」↓「出た」。

苦手な子はスパイラル　小1レベル・ステップ5、6で復習しよう

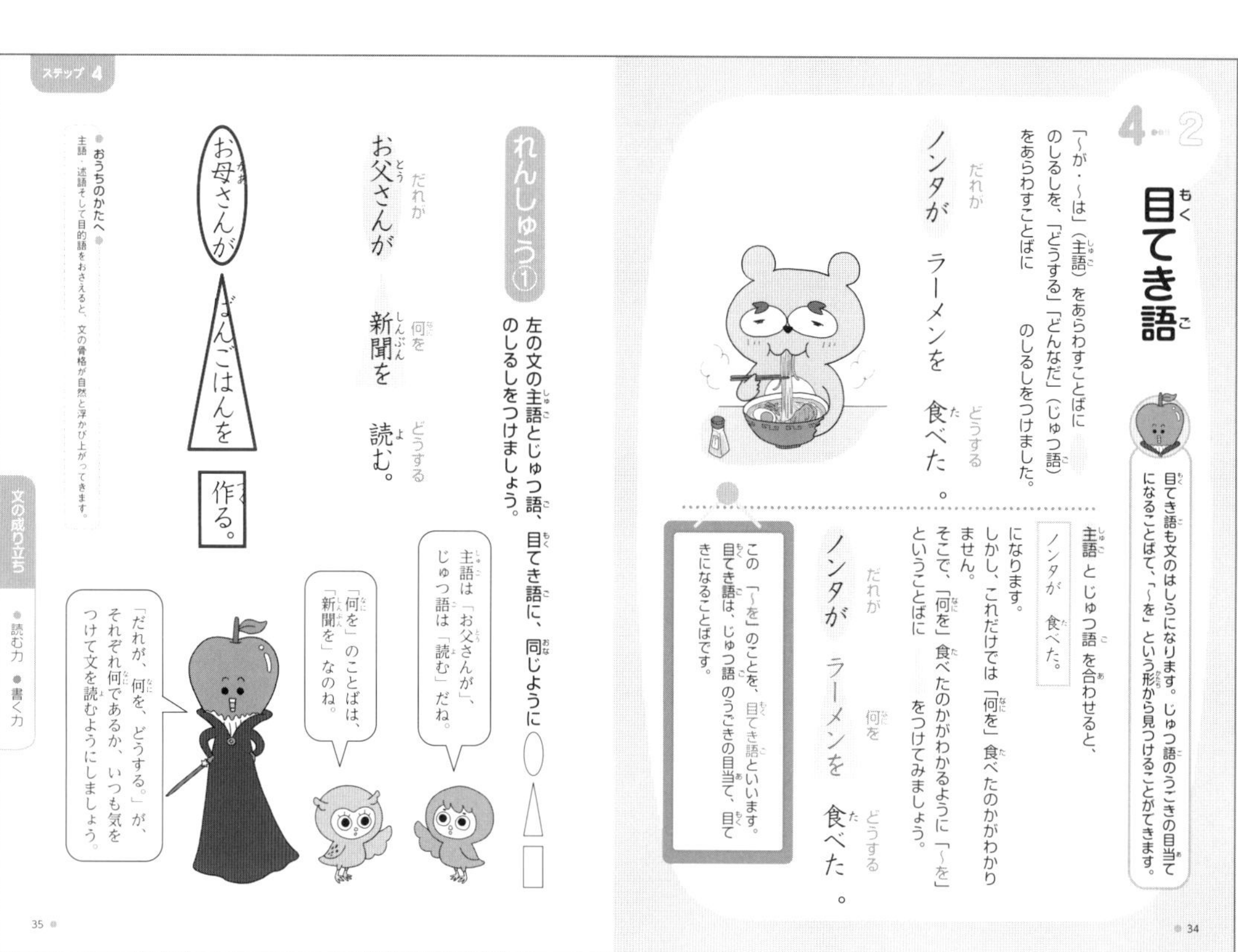

ステップ 4…2 目てき語

学習のねらい

今回は目的語をとらえる練習です。

一文には目的語を必要としない文と、目的語を必要とする文とがあります。「花が咲いた」はそれだけで意味が通じますが、「私は咲かせた」だけでは何を咲かせたのかわかりませんので、「花を」という目的語が必要となります。この目的語も文の要点となります。

れんしゅう①

まずは主語と述語、目的語の三語からなる文です。目的語→述語という文の語順にも注意しましょう。

苦手な子はスパイラル

小1レベル・ステップ4―3で復習しよう

4-2 目てき語（もくてきご） れんしゅう②

「～が・～は」（主語）をあらわすことばに○のしるしを、「どうする」をあらわすことば（じゅつ語）に□のしるしを、「何を」のことば（目てき語）に△のしるしをつけましょう。

① リンゴ先生が　じゅもんを　となえる。

② フクちゃんが　コップを　わった。

③ ビッキーは　手紙を　かく。

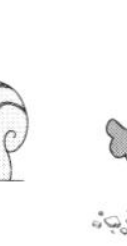

④ ミミちゃんは　ぼうしを　かぶっている。

⑤ リンダが　おにぎりを　作る。

⑥ 雨が　はっぱを　ぬらす。

⑦ ノンタが　ラッパを　ふく。

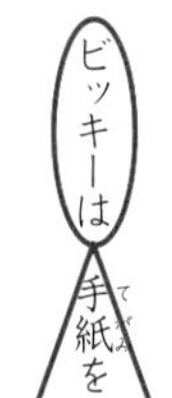

⑧ おにいさんが　ボールを　なげる。

文の成り立ち　●読む力　●書く力

れんしゅう②

「主語」→「目的語」→「述語」の三語からなる簡単な文で、目的語を意識する練習をしましょう。

①「だれが」→「リンゴ先生が」、「どうする」→「となえる」、「何を」→「じゅもんを」。

②「だれが」→「フクちゃんが」、「どうする」→「わった」、「何を」→「コップを」。

③「だれが」→「ビッキーは」、「どうする」→「かく」、「何を」→「手紙を」。

④「だれが」→「ミミちゃんは」、「どうする」→「かぶっている」、「何を」→「ぼうしを」。

⑤「だれが」→「リンダが」、「どうする」→「作る」、「何を」→「おにぎりを」。

⑥「なにが」→「雨が」、「どうする」→「ぬらす」、「何を」→「はっぱを」。

⑦「だれが」→「ノンタが」、「どうする」→「ふく」、「何を」→「ラッパを」。

⑧「だれが」→「おにいさんが」、「どうする」→「なげる」、「何を」→「ボールを」。

苦手な子はスパイラル　小1レベル・ステップ6－2～6－4で復習しよう

ステップ5

5-1 主語とじゅつ語を見つける

見つけるじゅんばんは、まずじゅつ語から！そのつぎが主語です。

ハイキングに来ました。
みんなが話していることを、つぎの文にしました。

花が　とても　きれいだ。
川が　ゆっくりと　ながれる。
大きな　木が　生えている。

それぞれの文の、じゅつ語に――、主語に〰〰を引くと、こうなります。

花が　とても　きれいだ。
川が　ゆっくりと　ながれる。
大きな　木が　生えている。

38

れんしゅう　はじめにじゅつ語に――線を、つぎに主語に〰〰線を引きましょう。

① 大きな　犬が　歩いている。
② ビッキーが　元気よく　おどる。
③ 白い　雲が　うかんでいる。
④ つめたい　ジュースが　おいしい。
⑤ リンゴ先生が　火を　つける。

おうちのかたへ
三つの言葉からなる文の主語と述語を抜き出す練習です。これが正確にできるようになれば、文の要点を簡単に見抜くことができるようになります。

文の構造の理解　●読む力　●書く力

39

ステップ 5-1 主語とじゅつ語を見つける

学習のねらい

三語でできた一文の主語と述語を見つけていきます。述語を見つけた後、それに対する主語を考えます。

「きれいだ」は、なに？　↓「花が」
「ながれる」のは、なに？　↓「川が」
「生えている」のは、なに？　↓「木が」

れんしゅう

① 「歩いている」のは、「犬が」。「大きな」は「犬」を説明する言葉。
② 「おどる」のは、「ビッキーが」。「元気よく」は「おどる」を説明する言葉。
③ 「うかんでいる」のは、「雲が」。「白い」は「雲」を説明する言葉。
④ 「おいしい」のは、「ジュースが」。「つめたい」は「ジュース」を説明する言葉。
⑤ 「つける」のは「リンゴ先生が」。「火を」は目的語です。

苦手な子はスパイラル　小1レベル・ステップ4-4〜4-6で復習しよう

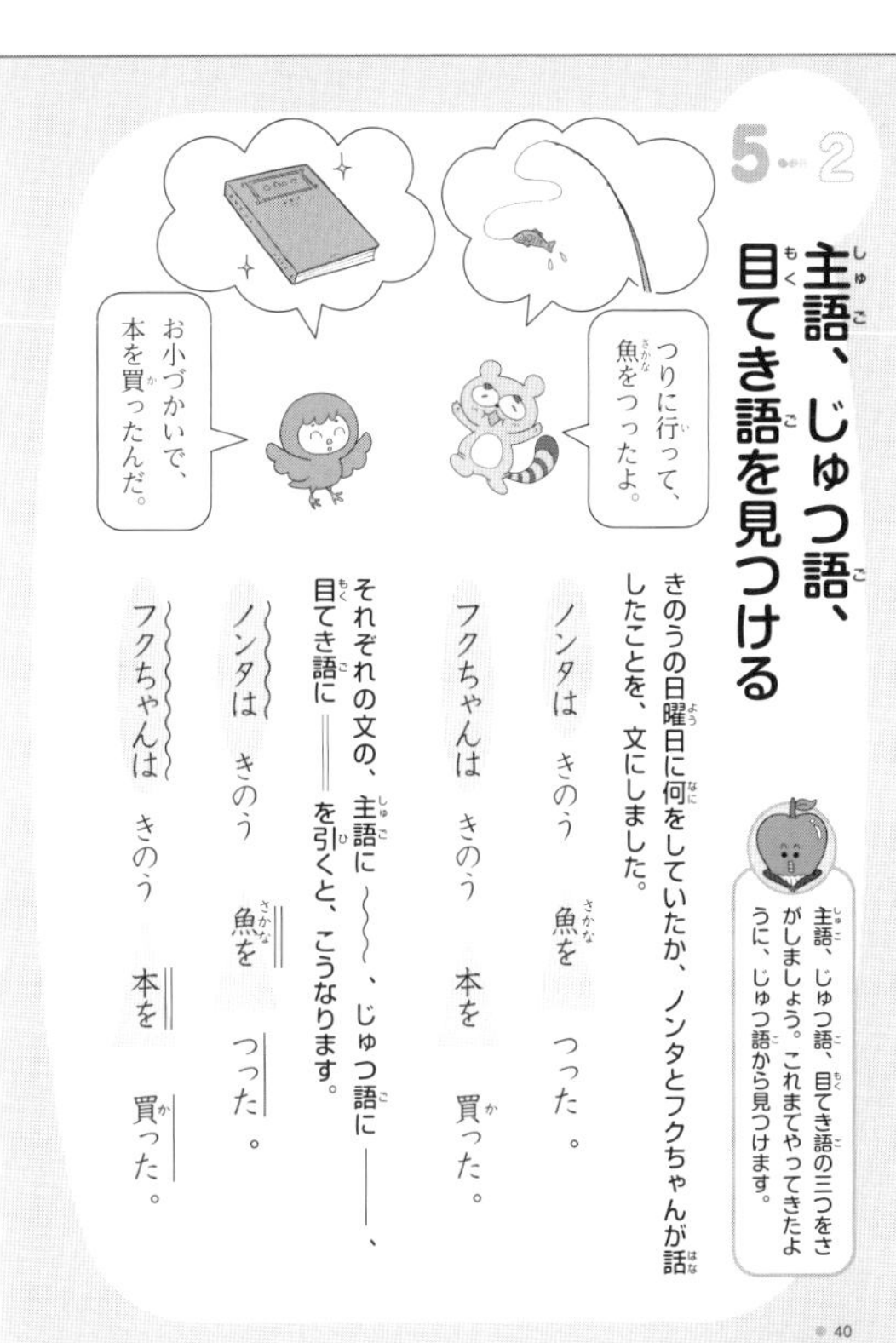
5-2
主語、じゅつ語、目てき語を見つける

つりに行って、魚をつったよ。

お小づかいで、本を買ったんだ。

主語、じゅつ語、目てき語の三つをさがしましょう。これまでやってきたように、じゅつ語から見つけます。

きのうの日曜日に何をしていたか、ノンタとフクちゃんが話したことを、文にしました。

ノンタは　きのう　魚を　つった。

フクちゃんは　きのう　本を　買った。

それぞれの文の、主語に〰、じゅつ語に——、目てき語に＝を引くと、こうなります。

ノンタは　きのう　魚を　つった。

フクちゃんは　きのう　本を　買った。

40

れんしゅう

はじめにじゅつ語に——線を引きましょう。つぎに主語に〰線を、目てき語に＝線を引きましょう。

① フクちゃんが　花に　水を　やる。

② ビッキーが　おもしろい　マンガを　読んでいる。

③ ミミちゃんが　ピアノを　じょうずに　ひく。

④ リンダが　むずかしい　もんだいを　といた。

⑤ ノンタは　長い　バットを　ふった。

まず□のことばを見つけて、つぎに□がだれのうごきなのか、□が何を目あてとしているか考えていきましょう。

文の構造の理解　●読む力　●書く力

41

ステップ 5-2 主語、じゅつ語、目てき語を見つける

学習のねらい

今回は四語からなる一文で、主語と述語、目的語を見つけます。ここでも述語を先に探します。

「つった」のは「ノンタは」。何をつったのかというと「魚を」。

「買った」のは「フクちゃんは」。何を買ったのかというと、「本を」。

れんしゅう

① 「やる」のは「フクちゃんが」。何をやるのかというと「水を」。目的語には「を」がついているので、「花に」は目的語ではなく、「やる」を説明する言葉。

② 「読んでいる」のは「ビッキーが」。何を読んでいるのかというと、「マンガを」。「おもしろい」は「マンガ」を説明する言葉。

③ 「ひく」のは「ミミちゃんが」。何をひくかというと、「ピアノを」。「じょうずに」は「ひく」を説明する言葉。

④ 「といた」のは、「リンダが」。何をといたのかというと、「もんだいを」。「むずかしい」は「もんだい」を説明する言葉。

⑤ 「ふった」のは「ノンタは」。何をふったのかというと「バットを」。「長い」は「バット」を説明する言葉。

苦手な子はスパイラル

小1レベル・ステップ4-2〜4-4で復習しよう

ステップ 5

5-3 長い文の主語とじゅつ語を見つける

れんしゅう

はじめにじゅつ語に ―― 線を、つぎに主語に 〜〜 線を引きましょう。

あれ、文が少し長くなったね。

長くなっても、主語とじゅつ語が、文の中心であることはかわりません。

①かっこいい　車が　はやく　走る。

②わたしの　妹は　とても　かわいい。

③すきな　おもちゃが　あまり　なかった。

④夏の　太ようは　とても　まぶしい。

⑤森の学校の　音楽の　時間は　いつも　楽しい。

⑥近くの　レストランの　オムライスは　とても　おいしい。

⑦四時間目の　じゅぎょうは　大すきな　音楽です。

⑧お気に入りの　セーターが　せんたくで　ちぢんだ。

⑨きのう　学校で　先生が　むかし話を　読んでくれた。

⑩遠足の　前の　日　フクちゃんは　早く　ねた。

●おうちのかたへ●

一文の単語が増えるにつれて、難しくなっていきます。主語は「だれが、なにが」、述語は「どうした、どんなだ、なんだ」を表す言葉であるということをイメージできるようになることが目標です。

文の構造の理解　●読む力　●書く力

42　43

ステップ 5-3 長い文の主語とじゅつ語を見つける

れんしゅう

①「走る」のは、「車が」。「かっこいい」は「車」、そして「はやく」は「走る」を説明する言葉。

②「かわいい」のは「妹は」。「わたしの」は「妹」を、そして「とても」は「かわいい」を説明する言葉。

③「なかった」のは「おもちゃが」。「すきな」は「おもちゃ」を、そして「あまり」は「なかった」を説明する言葉。

④「まぶしい」のは「太ようは」。「夏の」は「太よう」を、そして「とても」は「まぶしい」を説明する言葉。

⑤「楽しい」のは、「時間は」。「(森の学校の) 音楽の」は「時間」を、そして「いつも」は「楽しい」を説明する言葉。

⑥「おいしい」のは「オムライスは」。「(近くの) レストランの」は「オムライス」を、そして「とても」は「おいしい」を説明する言葉。

⑦「音楽です」は「じゅぎょうは」。「四時間目の」は「じゅぎょう」を、そして「大すきな」は「音楽」を説明する言葉。

⑧「ちぢんだ」のは「セーターが」。「お気に入りの」は「セーター」を、そして「せんたくで」は「ちぢんだ」を説明する言葉。

⑨「読んでくれた」のは「先生が」。何を「読んでくれた」のかというと、「むかし話を」(目的語)。「きのう」「学校で」はそれぞれ「読んでくれた」を説明する言葉。

⑩「ねた」のは「フクちゃんは」。「(遠足の前の) 日」「早く」は「ねた」を説明する言葉。

ステップ 6

6-1

せつ明することば①

この絵のことを、三つの文にあらわしたよ。

大きな時計がかざってある。
かわいいネコがねむっている。
リンダがお父さんのメガネをさがしている。

ことばはことばとつながっています。どのことばが、どのことばにつながるかを考えましょう。

44

文の中のことばには、ほかのことばをせつ明することばがあります。

大きな　時計がかざってある。

どんな時計かしら?

えーと、大きな時計。

そう、大きな時計ですね。
このように「大きな」ということばは、「時計」をせつ明しているのです。

大きな ― 時計

かわいい　ネコがねむっている。

どんなネコかというと、かわいいネコだね。

リンダがお父さんの　メガネをさがしている。

だれのメガネですか?
お父さんのメガネですね。
「お父さんの」が「メガネ」という
ことばをせつ明しているのです。

おうちのかたへ
ここでは、名詞を修飾する言葉を取り扱いました。「名詞に付いて、その名詞をくわしく説明している」というつながりが理解できれば大丈夫です。

修飾語
●読む力 ●書く力

45

ステップ 6-1

せつ明することば①

学習のねらい

言葉は固有名詞を除き、基本的に抽象概念です。「時計」と言うだけでは、世界中の時計の共通点を集めた抽象的な存在しか表現できません。
世界中にある時計的なものを表現したいのではないとき、人は説明の言葉をつけることで、抽象概念を固定化していくのです。

「大きな↓時計」
「かわいい↓ネコ」
「お父さんの↓メガネ」

こうした言葉のつながりを、本書では、「せつ明することば」「かざることば」と呼んでいます。
まずは名詞を説明する言葉の練習です。

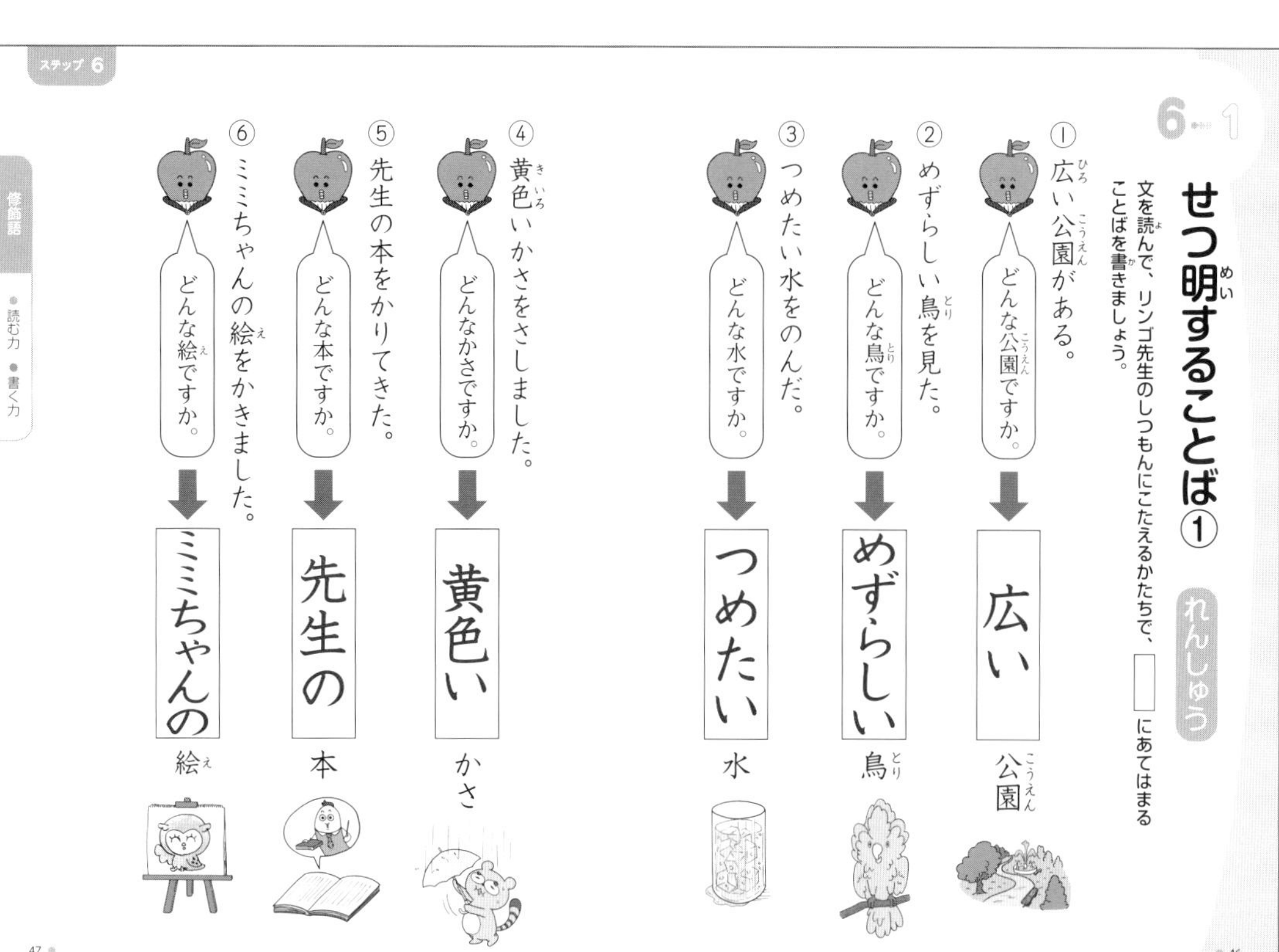

ステップ 6
6-1
せつ明することば①
れんしゅう
文を読んで、リンゴ先生のしつもんにこたえるかたちで、□にあてはまることばを書きましょう。
①広い公園がある。
どんな公園ですか。
広い
公園
②めずらしい鳥を見た。
どんな鳥ですか。
めずらしい
鳥
③つめたい水をのんだ。
どんな水ですか。
つめたい
水
④黄色いかさをさしました。
どんなかさですか。
黄色い
かさ
⑤先生の本をかりてきた。
どんな本ですか。
先生の
本
⑥ミミちゃんの絵をかきました。
どんな絵ですか。
ミミちゃんの
絵
修飾語
読む力
書く力
46
47

れんしゅう

それぞれどの言葉がどの言葉を説明しているかを意識します。

①「公園」を説明している言葉が「広い」です。

②「鳥」を説明している言葉が「めずらしい」です。

③「水」を説明している言葉が「つめたい」です。

④「かさ」を説明している音楽が「黄色い」です。

⑤「本」を説明している言葉が「先生の」です。

⑥「絵」を説明している言葉が「ミミちゃんの」です。

子どもとおしゃべりをするとき、子どもが抽象的な名詞だけで話したなら、ものごとを具体的に詳しく説明できるスキルを育てるために、ときどき「どんな？」と問いかけてあげるといいでしょう。

苦手な子はスパイラル　小1レベル・ステップ6で復習しよう

ステップ 6

6-2 せつ明することば②

この絵のことを、三つの文にあらわしたよ。

「ものの名前」をせつ明することばのつぎは、「うごきやようすをあらわすことば」をせつ明することばを考えてみましょう。

花だんのひまわりがぐんぐんのびる。
フクちゃんは、毎朝水をたっぷりやる。
ひまわりの花はとても大きい。

48

修飾語
● 読む力 ● 書く力

せつ明することばは、うごきをあらわすことばにつくこともあります。

花だんのひまわりがぐんぐん　のびる。

どんなふうにのびるのかしら？

「ぐんぐん」のびるのね。

「ぐんぐん」は、うごきをあらわす「のびる」をせつ明しています。

ぐんぐん―のびる（うごき）

フクちゃんは、毎朝水をたっぷり　やる。

どれだけ水をやるのか、よくわかるわね。

また、せつ明することばは、ようすをあらわすことばにつくこともあります。

ひまわりの花はとても　大きい。

どれくらい大きいかというと、「とても」―「大きい」だね。

とても―大きい（ようす）

49

ステップ 6-2 せつ明することば②

学習のねらい

ステップ4で学習したように、一文の要点は主語と述語です。そこで、主語と述語、それぞれを説明する言葉が大切になります。

品詞で言えば、形容詞は主語や目的語になる名詞（体言）を修飾し、副詞は述語になる動詞や形容詞などの用言を修飾します。

ここでは述語を説明する言葉を学習しましょう。

「のびる」動作をくわしく説明したのが、「ぐんぐん」です。

「水をやる」動作をくわしく説明したのが、「たっぷり」です。

「大きい」という様子をくわしく説明したのが、「とても」です。

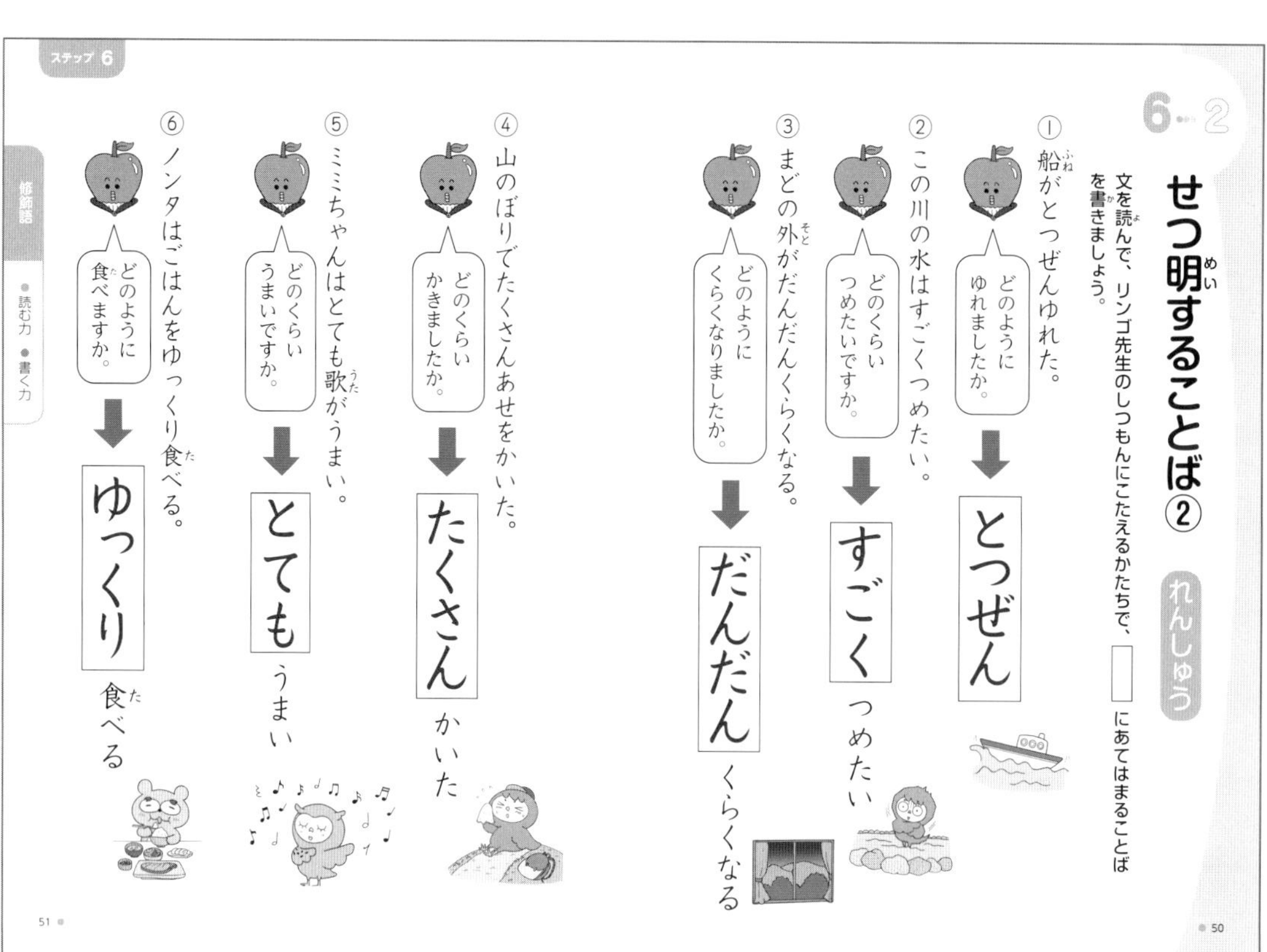
ステップ 6

6-2

せつ明することば② れんしゅう

文を読んで、リンゴ先生のしつもんにこたえるかたちで、□にあてはまることばを書きましょう。

① 船がとつぜんゆれた。

どのようにゆれましたか。 → とつぜん

② この川の水はすごくつめたい。

どのくらいつめたいですか。 → すごく つめたい

③ まどの外がだんだんくらくなる。

どのようにくらくなりましたか。 → だんだん くらくなる

④ 山のぼりでたくさんあせをかいた。

どのくらいかきましたか。 → たくさん かいた

⑤ ミミちゃんはとても歌がうまい。

どのくらいうまいですか。 → とても うまい

⑥ ノンタはごはんをゆっくり食べる。

どのように食べますか。 → ゆっくり 食べる

修飾語 ●読む力 ●書く力

50 51

れんしゅう

①どのように揺れたのかというと、「とつぜん」。
②どのくらい冷たいのかというと、「すごく」。
③どのようにくらくなるのかというと「だんだん」。
④どれくらいかいたのかというと「たくさん」。
⑤どれくらいうまいのかというと「とても」。
⑥どのように食べたのかというと「ゆっくり」。

このように述語を説明する言葉を意識しましょう。普段の会話でも、ときには子どもに「どのように?」「どのくらい?」と問いかけてみてください。

ステップ 6

6…3

せつ明することば③

れんしゅう

線の引いてあることばは、どのことばにつながっていますか。つながることばを○でかこみましょう。

①古い　お寺に　行きました。

②きれいな　海を　見ました。

③遠足で　大きな　町に　行きました。

④きょうは　とても　あつい　一日でした。

⑤ぼくは　毎朝　あたたかい　スープを　のみます。

⑥みんなで　たくさんの　ゴミを　ひろいました。

⑦リンダは　毎日　かならず　野さいを　食べます。

つながるって、どういうこと？

「古い」は「お寺に」をせつ明していますか？「行きました」をせつ明していますか？

ことばがつながるって、いみがつながっていることをいうんだね。

大きな何かしら？

修飾語

●読む力　●書く力

●おうちのかたへ●
呼びかけの「やあ」や、返事の「はい」などの独立語以外は、言葉は必ず他の言葉とつながっています。小2レベルでは、体言（名詞）につながる言葉、用言（動詞や形容詞）につながる言葉があることが認識できれば十分です。

52

53

せつ明することば③

れんしゅう

文の中の言葉は、他の言葉と意味がつながっています。主語と述語、目的語と述語、そして、修飾語と被修飾語とつながっていますね。

ここでは傍線部の言葉が何を修飾しているかを答えます。修飾語とは被修飾語を詳しく説明する言葉のことです。

①「お寺に」を説明している言葉が、「古い」。

②「海を」を説明している言葉が、「きれいな」。

③「町に」を説明している言葉が、「大きな」。

④「あつい」を説明している言葉が、「とても」で、「とても」は副詞。

⑤「スープを」を説明している言葉が、「あたたかい」。

⑥「ゴミを」を説明している言葉が、「たくさんの」。

⑦「食べます」を説明している言葉が、「かならず」で、「かならず」は副詞。

ステップ7
7-1
ことばとことばをつなごう
りんご食べた。

ぶどう食べた。

ちゃんと言えないの？

ことばとことばをつなぐ、「を」や「は」「が」などのことばがあります。つかうことばによっては、いみがかわってしまうので、気をつけましょう。

「りんご」や「ぶどう」と「食べた」の間に、「を」を入れると、正しい文になります。

りんご を 食べた。

ぶどう を 食べた。

「を」が、ことばとことばをつなぐことばです。

ことばとことばをつなぐことばには、ほかにもつぎのようなものがあります。

の・ぼくのノート。・お母さんのふく。

で・車で行く。・紙でできている。

に・家に帰る。・ノートに書く。

れんしゅう①
□にあてはまる文字を、□からえらんで書きましょう。
1
①電話 に 出る。
②赤ちゃん が わらう
③かばん を もつ。
④自てん車 で 行く。
で・を・に・が
2
①お母さん が おこる。
②ミミちゃん の 人形だ。
③図書かん へ 行く。
④おべんとう を 食べる。
へ・が・を・の
おうちのかたへ
ここでは助詞を扱います。助詞は慣れの要素が大きいので、最初はできなくても根気よく練習しましょう。
助詞
読む力
書く力
54
55

ステップ 7…1 ことばとことばをつなごう

学習のねらい

助詞を使いこなす練習です。普段、私たちは助詞を使って話をしているのですから、何となくその使い方を知っているはずです。しかし、それを意識して使うことはあまりしていません。ましてや単語だけで話す子どもが増えているので、問題を通してその使い方を意識することが大切です。助詞は感覚的に違和感を覚えられるかがポイントで、間違った場合は普段の使い方を思い出すようにしましょう。

れんしゅう①

1
①「出る」を修飾する役割のある助詞。
②わらうのが誰か主語を表す助詞。
③何をもつのか目的語を表す助詞。
④何で行くのか手段を表す助詞。

2
①誰がおこるのか主語を表す助詞。
②「人形」を修飾する役割のある助詞。
③どこに行くのか目的地を表す助詞。
④何を食べるのか目的語を表す助詞。

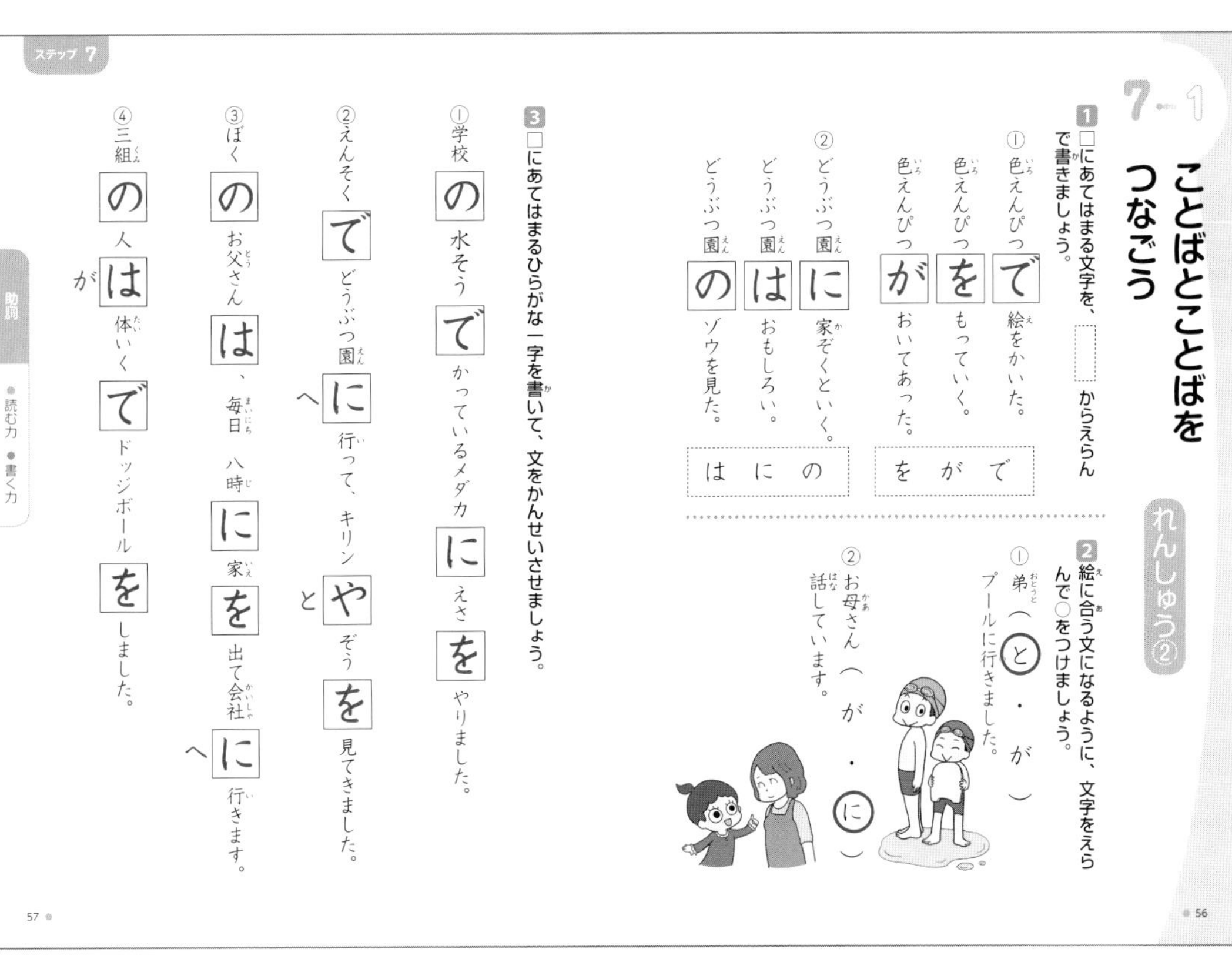

ステップ7

7-1 ことばとことばを つなごう

1 □にあてはまる文字を、□からえらんで書きましょう。

① 色えんぴつ［で］絵をかいた。
色えんぴつ［を］もっていく。
色えんぴつ［が］おいてあった。
（を　が　で）

② どうぶつ園［に］家ぞくといく。
どうぶつ園［は］おもしろい。
どうぶつ園［の］ゾウを見た。
（は　に　の）

れんしゅう②

2 絵に合う文になるように、文字をえらんで○をつけましょう。

① 弟（と・が）プールに行きました。

② お母さん（が・に）話しています。

3 □にあてはまるひらがな一字を書いて、文をかんせいさせましょう。

① 学校［の］水そう［で］かっているメダカ［に］えさ［を］やりました。

② えんそく［で］どうぶつ園［に］（へ）行って、キリン［や］（と）ぞう［を］見てきました。

③ ぼく［の］お父さん［は］、毎日八時［に］家［を］出て会社［に］（へ）行きます。

④ 三組［の］人［は］（が）体いく［で］ドッジボール［を］しました。

助詞　●読む力　●書く力

56　57

れんしゅう②

二つの言葉をつなぐには、どの助詞がよいのかを考えます。ここでも覚えるのではなく、普段の言葉の使い方を思い出すようにしましょう。なにしろ、助詞は普段からたっぷりと使っているのですから。

1

①何で絵を描いたのか、手段を表す助詞。
何を持って行くのか、動作対象である目的語を表す助詞。
述語「おいてあった」の主語を表す助詞。

②どこに行くのか、目的地を表す助詞。
おもしろいのは何か、主語であることを表す助詞。
どのようなゾウか、ゾウを説明する言葉であることを表す助詞。

2

①絵から、二人が一緒にプールに行ったとわかりますので、主語の「が」ではなく、「弟と」が答えとなります。「行きました」の主語は「ぼく（わたし）は」で、省略されています。

②絵から、お母さんが話しているのではなく、子どもが「お母さんに」話しているのだとわかります。

3 自分が普段助詞をどのように使っているのかを考えながら、空所に言葉を入れましょう。
いかに多くの助詞を使っているかがわかりますね。
もし間違ったならば、今のうちに使い方を修正するようにしましょう。

8-1
ことばの形をかえてみよう①

ことばには、形がかわるものがあります。いろんな形のかわり方があるから、おぼえて、つかえるようになりましょう。

今から、ことばの形をかえますよ。
フクちゃんが、
走らない
走るだろう
「走ら」や「走っ」にかわったわ!
走った

うごきをあらわすことばは、下にことばがついて形がかわることがあるよ。

走る

「走る」←「走らない」　「走る」ことをしない場合

「走る」←「走った」　「走る」がむかしのことの場合

「走る」←「走るだろう」　「走る」ことをよそうする場合

そして、「走る」をていねいに言うと「走ります」です。

58

ステップ8

れんしゅう①　つぎのうごきをあらわすことばを、形をかえて書きましょう。

1 食べる
ていねいに言うと　食べます
しないときは　食べない
むかしのことだと　食べた
よそうするときは　食べるだろう

2 わらう
ていねいに言うと　わらいます
しないときは　わらわない
むかしのことだと　わらった
よそうするときは　わらうだろう

おうちのかたへ
助動詞の学習をします。助動詞には他の言葉に付いて、いろいろな意味を添える働きがあります。また、助動詞が付くと、その言葉の形が変わることがあります。

助動詞　●読む力　●書く力

59

ステップ 8-1 ことばの形をかえてみよう①

学習のねらい

「走る」という動詞の下に助動詞がつくと意味が変わります。代表的な助動詞には次のようなものがあります。

「ない」打ち消しの意味　例：走らない。

「た」過去を表す　例：走った

「だろう」推量を表す　例：走るだろう（※注）

「ます」丁寧な表現　例：走ります

まずこの四つの助動詞の使い方に慣れましょう。

れんしゅう①

「丁寧」は「ます」なので、答えは「食べます」「笑います」

「打ち消し」は「ない」なので、答えは「食べない」「笑わない」

「過去」は「た」なので、答えは「食べた」「笑った」

「推量」は「だろう」なので、答えは「食べるだろう」「笑うだろう」

※注　正確には断定の助動詞「だ」の未然形「だろ」と、推量の助動詞「う」の二つから構成されています。

ステップ8

8-1 ことばの形をかえてみよう① れんしゅう②

つぎのうごきをあらわすことばを、形をかえて書きましょう。

1 ねる

ていねいに言うと　ねます
しないときは　ねない
むかしのことだと　ねた
よそうするときは　ねるだろう

2 しずむ

ていねいに言うと　しずみます
しないときは　しずまない
むかしのことだと　しずんだ
よそうするときは　しずむだろう

3 見る

ていねいに言うと　見ます
しないときは　見ない
むかしのことだと　見た
よそうするときは　見るだろう

4 にげる

ていねいに言うと　にげます
しないときは　にげない
むかしのことだと　にげた
よそうするときは　にげるだろう

助動詞　●読む力　●書く力

60　61

れんしゅう②

「ます」→丁寧な表現
「ない」→打ち消し
「た」→過去を表す
「だろう」→推量を表す

この四つの助動詞の形と意味を覚えましょう。

子どもは普段こうした言葉を使っているはずですので、本問を通してあらためて整理・記憶するようにしましょう。

ステップ 8

8-2

ことばの形をかえてみよう②

ほかにも、うごきをあらわすことばは、下にことばがついてこんなふうにかわるよ。

入る

「入る」ことを聞いた場合 ⇐ 「入るそうだ」

「入る」ことをきぼうする場合 ⇐ 「入りたい」

「入る」ことをだれかにさせる場合 ⇐ 「入らせる」

62

れんしゅう①　つぎのうごきをあらわすことばを、形をかえて書きましょう。

1 来る

聞いたことだと　来るそうだ

きぼうだと　来たい

だれかにさせるとき　来させる

2 考える

聞いたことだと　考えるそうだ

きぼうだと　考えたい

だれかにさせるとき　考えさせる

助動詞　●読む力　●書く力

63

ステップ 8-2 ことばの形をかえてみよう②

学習のねらい

助動詞の練習の続きです。
今度は新たに、伝聞・希望・使役の三つの助動詞の意味を学習します。

「聞いたことだと（伝聞）」→「そうだ」
「きぼうだと（希望）」→「たい」
「だれかにさせるとき」（使役）→「せる・させる」

一度に多くの助動詞を学習すると、頭が混乱して、かえって覚えにくいので、一つ一つ確実に使い方を覚えるようにしましょう。

れんしゅう①

動詞の活用の仕方を覚えるというより、普段の言葉の使い方を思い出して、それを整理するようにしましょう。

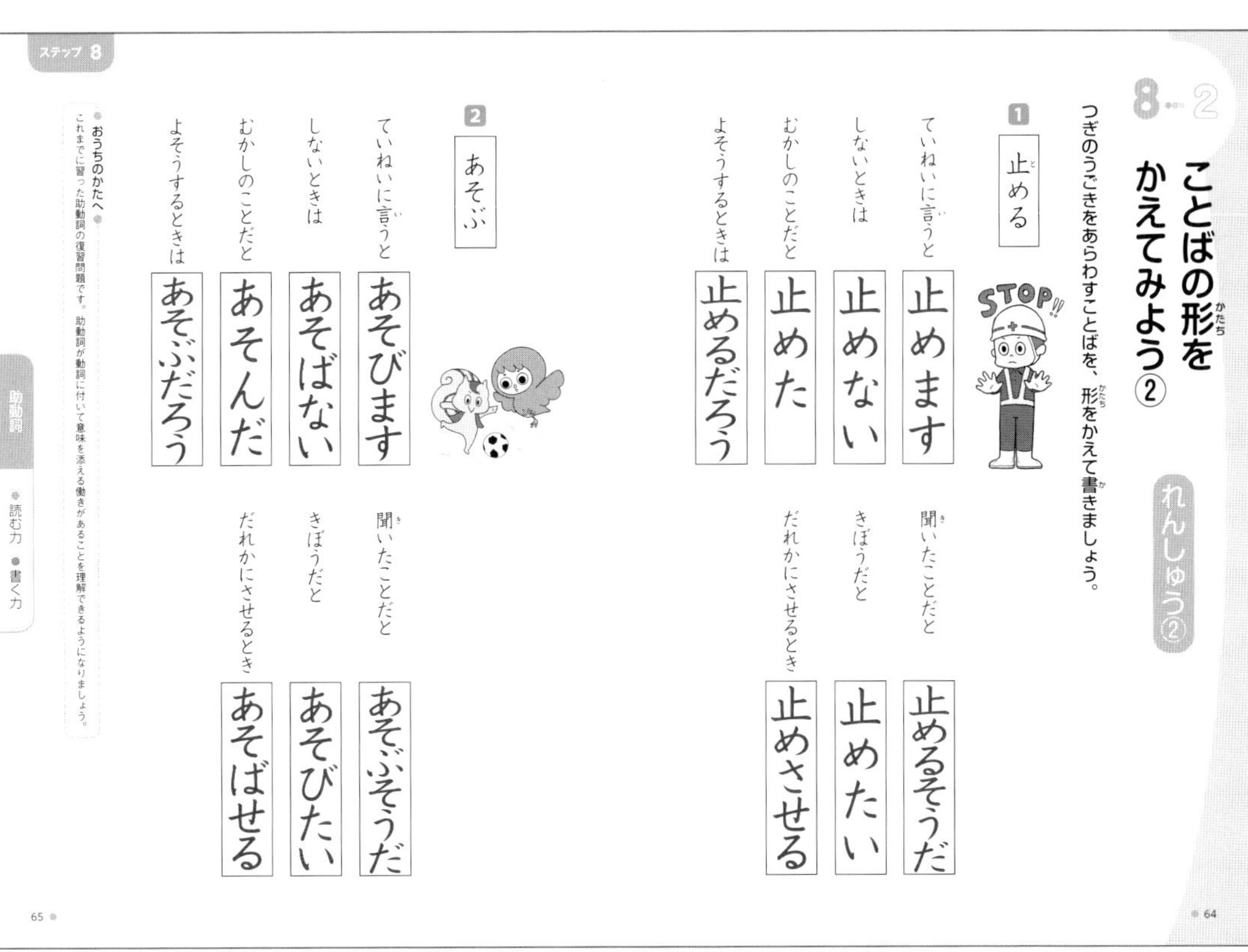
ステップ 8

8-2

ことばの形をかえてみよう②

れんしゅう②

つぎのうごきをあらわすことばを、形をかえて書きましょう。

1 止める

ていねいに言うと　止めます
しないときは　止めない
むかしのことだと　止めた
よそうするときは　止めるだろう
聞いたことだと　止めるそうだ
きぼうだと　止めたい
だれかにさせるとき　止めさせる

2 あそぶ

ていねいに言うと　あそびます
しないときは　あそばない
むかしのことだと　あそんだ
よそうするときは　あそぶだろう
聞いたことだと　あそぶそうだ
きぼうだと　あそびたい
だれかにさせるとき　あそばせる

おうちのかたへ
これまでに習った助動詞の復習問題です。助動詞が動詞に付いて意味を添える働きがあることを理解できるようになりましょう。

助動詞
読む力　書く力

64　65

れんしゅう②

前のステップで学習した四つの助動詞に加え、このステップで学習した三つの助動詞をあわせて学習します。

「ていねいに言うと」→「ます」
「しないときは」→「ない」
「むかしのことだと」→「た」
「よそうすることだと」→「だろう」
「聞いたことだと」→「そうだ」
「きぼうだと」→「たい」
「だれかにさせるとき」→「せる・させる」

使役の場合、「止める」だと、「止めさせる」と「させる」になり、「あそぶ」だと、「あそばせる」と「せる」になることに注意してください。

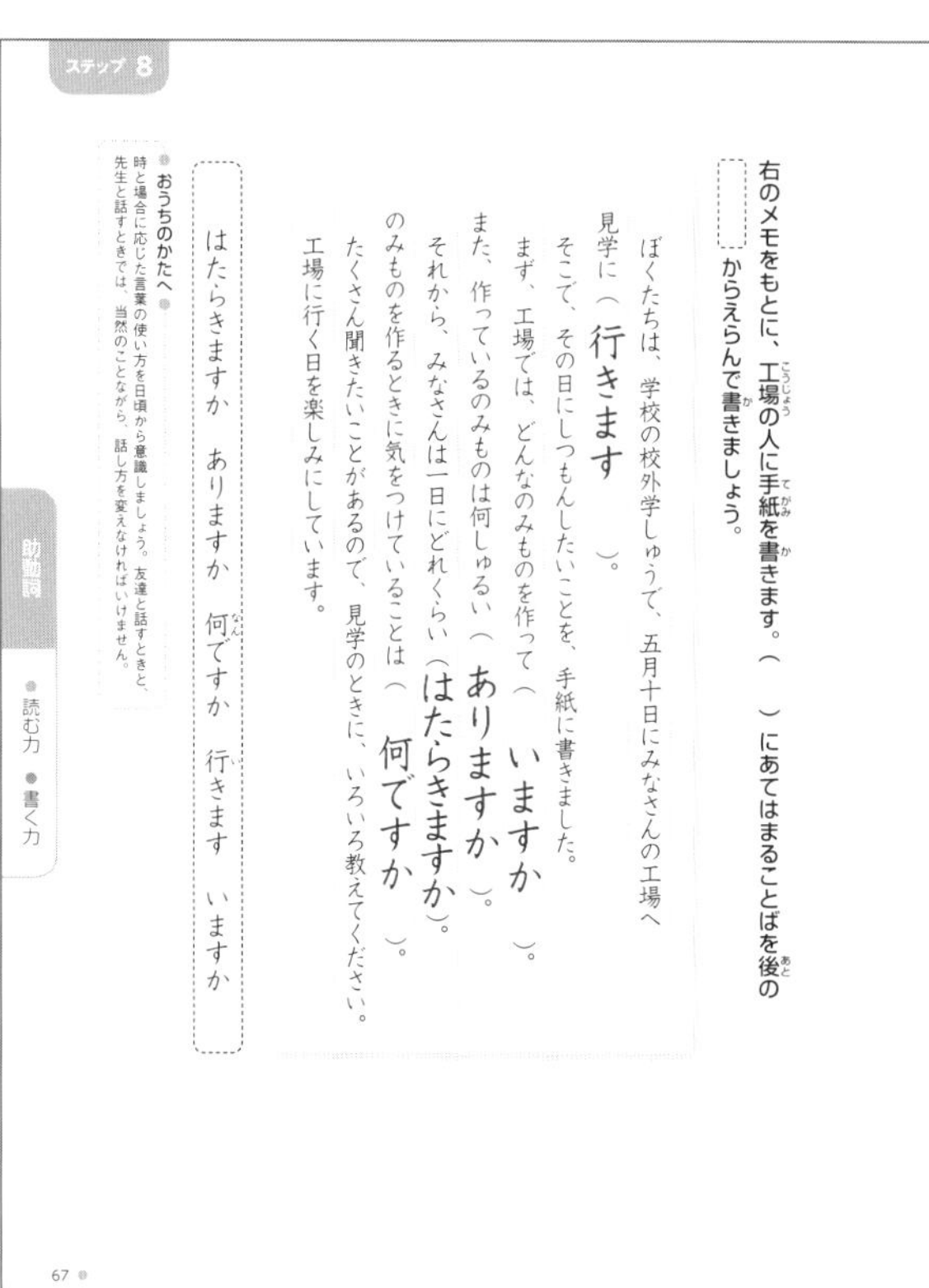

8…3

ことばの形をかえてみよう③

れんしゅう

学校の校外学しゅうで、のみものを作る工場に見学に行きます。そこで、行く前に工場の人に手紙を書くことにしました。

まず、手紙に書く内ようを、メモにまとめました。

・五月十日に工場見学に行く。
（しつもん）
・工場ではどんなのみものを作っているのかな。
・作っているのみものは何しゅるいあるのかな。
・一日にどれくらいはたらくのかな。
・作るときに気をつけていることは何かな。

書くときも、話すときも、あい手や場めんがかわると、書き方や言い方がかわります。

右のメモをもとに、工場の人に手紙を書きます。（　）にあてはまることばを後の［　］からえらんで書きましょう。

ぼくたちは、学校の校外学しゅうで、五月十日にみなさんの工場へ見学に（行きます）。
そこで、その日にしつもんしたいことを、手紙に書きました。
まず、工場では、どんなのみものを作って（いますか）。
また、作っているのみものは何しゅるい（ありますか）。
それから、みなさんは一日にどれくらい（はたらきますか）。
のみものを作るときに気をつけていることは（何ですか）。
たくさん聞きたいことがあるので、見学のときに、いろいろ教えてください。
工場に行く日を楽しみにしています。

［はたらきますか　ありますか　何ですか　行きます　いますか］

●おうちのかたへ
時と場合に応じた言葉の使い方を日頃から意識しましょう。友達と話すときと、先生と話すときでは、当然のことながら、話し方を変えなければいけません。

ステップ8　助動詞　●読む力　●書く力

66　67

ステップ 8…3 ことばの形をかえてみよう③

れんしゅう

手紙の文章の中で、助動詞の使い方を練習します。ここでは丁寧に言うときに使う、「ます」「です」という助動詞を使えるようにしましょう。

相手が誰なのかによって、丁寧な言葉を使う必要があることを、ここで子どもたちに意識させてください。

工場の人にお願いをする手紙なので、友だちと話すときとは違って、丁寧な言葉づかいをしなければならない場面です。

「（見学に）行く」は、丁寧な言い方の「ます」をつけて、「行きます」とします。

次に、質問内容が四つあるので、それぞれていねいな言い方の「ます」「です」に、質問するときの助詞「か」をつけます。

「作っている」は、「作っていますか」

「何しゅるいある」は、「何しゅるいありますか」

「どれくらいはたらく」は、「どれくらいはたらきますか」

ここまでは「ます」を使ったのですが、次の「気をつけていることは何か」はどうでしょう？「気をつけていることは何ますか」ではおかしいですね。「です」は名詞に付きます。そこで「気をつけていることは何ですか」と、「です」を使います。

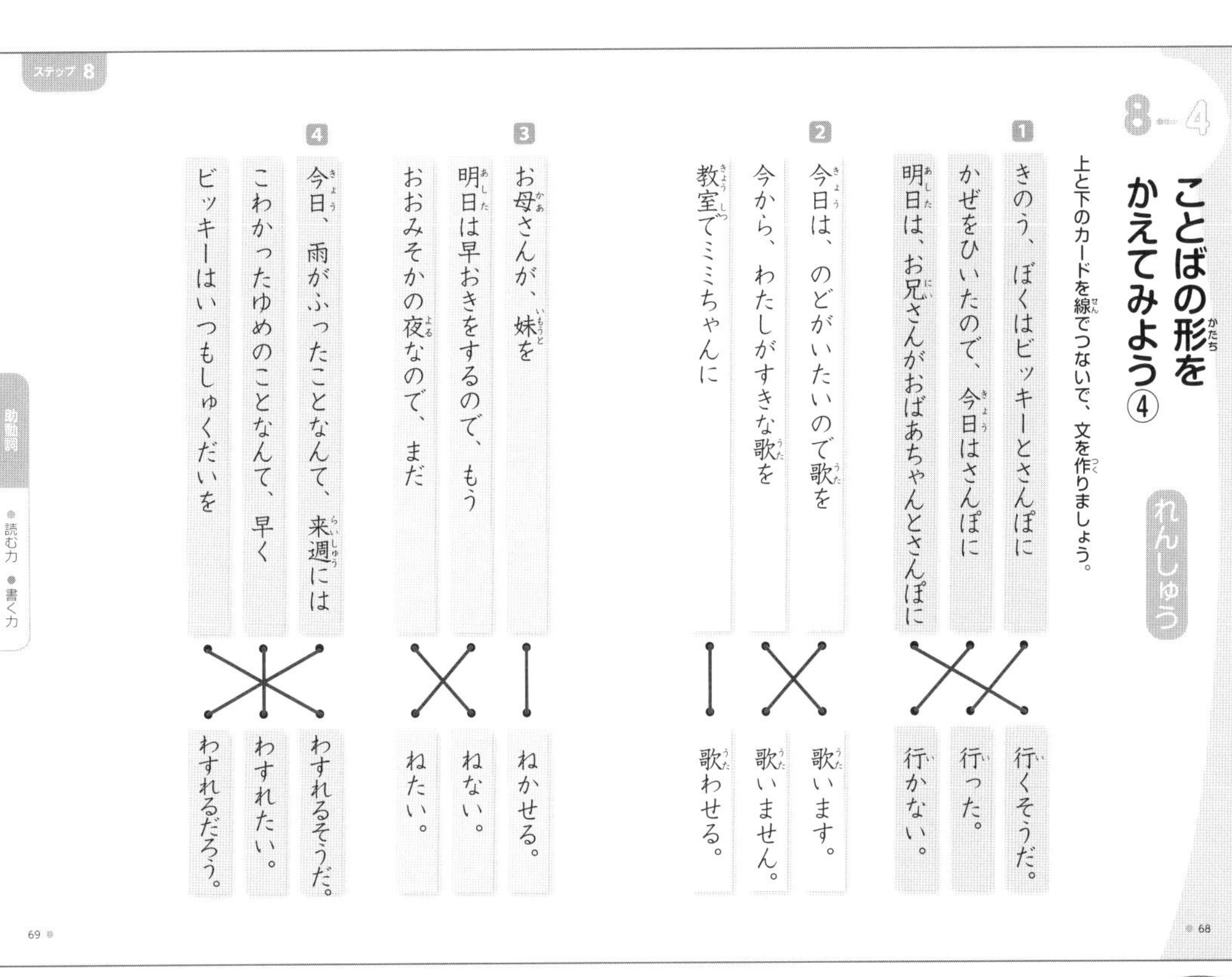

ステップ 8…4 ことばの形をかえてみよう④

れんしゅう

今度は一文の意味内容から、どの助動詞を使うかを判断する問題です。特に一文のどの言葉に注目するかを考えるようにします。

1 「きのう」という言葉から、昔の話だとわかるので、「行った」。
「かぜをひいたので」とあることから、打ち消しの「行かない」。

残ったのは伝聞の「行くそうだ」で、誰かから散歩に行くことを聞いたのだとわかります。

2 「のどがいたいので」とあるので、打ち消しの「歌いません」。
「今から」とあるので、現在形で丁寧な言い方の「歌います」。

「ミミちゃんに」とあるので、使役の「歌わせる」。

3 「妹を」とあるので、使役の「ねかせる」。
「もう」とあるので、希望の「ねたい」。

（「ねかせる」もなんとか入りますが、前の答えとして使われています。）

「おおみそかの夜なので」とあり、しかも「まだ」とあるので、打ち消しの「ねない」。

4 「来週には」とあるので、推量の「わすれるだろう」。
「こわかったゆめ」のことだから、忘れたいという希望を示す選択肢を選びます。

「いつも」とあるので、推量や希望は不適切です。残るのは伝聞の「わすれるそうだ」。

ステップ 9-1 文のようやく

学習のねらい

一文の要約とは、一文の要点を取り出して、文を作成することです。問題文は二つの文から成り立っています。

前の文の主語は「チョウが」、述語は「とまった」。そこで、一文の要約文は「チョウがとまった」となります。

「青みどり色の」「うつくしい」はそれぞれ「チョウが」を、「にわのタンポポに」は「とまった」を説明する言葉です。

後の文の主語は「ぼくは」、述語は「かまえた」、目的語は「カメラを」。そこで、一文の要約文は「ぼくはカメラをかまえた」となります。

最後に二つの文の論理的関係を考えます。一つ目の文が原因で、二つ目の文が起こったのですから、理由を表す「ので」という接続助詞を使います。(この文と文との論理的関係は、次のステップで練習します。この段階では「ので」を答えさせる必要はありません。)

ステップ 9

9-1 文のようやく れんしゅう①

つぎの文しょうをようやくします。主語、じゅつ語、あれば目てき語を書いて、後の「ようやく」にまとめましょう。

1 かぜをひいたお母さんが、夜ごはんを作れませんでした。だから、お父さんが電話でピザをたのみました。

かぜを　ひいた　お母さんが　夜ごはんを　作れませんでした。
だから　お父さんが　電話で　ピザを　たのみました。

ようやく　**（　）にあてはまることばを書きましょう。**

（お母さん）が（夜ごはん）を（作れなかった）ので、（お父さん）が（ピザ）を（たのみました）。

2 今日の朝、お父さんが、お母さんの作ったおべんとうをげんかんにわすれました。気がついたお母さんが、お父さんの会社に車でとどけました。

今日の　朝、お父さんが、　お母さんの　作った　おべんとうを　げんかんに　わすれました。
気が　ついた　お母さんが、　お父さんの　会社に　車で　とどけました。

ようやく　**（　）にあてはまることばを書きましょう。**

（お父さん）が（おべんとう）を（わすれた）ので、（お母さん）が（とどけました）。

●おうちのかたへ
この要約は、大学入試でよく問われる文の要旨を答える問題の大切なファーストステップとなります。今のうちに、確実に主語・述語・目的語をとらえられるようにしましょう。

文の要点の理解　●読む力　●書く力

72　73

れんしゅう①

1 前の文は、主語が「お母さんが」、述語が「作れませんでした」、目的語が「夜ごはんを」。そこで、一文の要約文は「お母さんが夜ごはんを作れなかった」。後の文は、主語が「お父さんが」、述語が「たのみました」、目的語が「ピザを」。そこで、一文の要約文は「お父さんがピザをたのみました」。

二つの文を、理由を表す「ので」でつなぎます。

2 目的語が必要な文と必要でない文とがあるので注意しましょう。

前の文は、主語が「お父さんが」、述語が「わすれました」、そして目的語が「おべんとうを」。そこで、一文の要約文は「お父さんがおべんとうをわすれた」。後の文は、主語が「お母さんが」、述語は「とどけました」。そこで一文の要約文は「お母さんがとどけました」。

二つの文の関係は因果関係だから、理由を表す「ので」でつなげます。

苦手な子はスパイラル　小1レベル・ステップ4、小2レベル・ステップ4、ステップ5で復習しよう

9-1 文のようやく れんしゅう②

つぎの文しょうをようやくします。それぞれの文の主語、じゅつ語、あれば目てき語を書いて、後の「ようやく」にまとめましょう。

1 夏休みの晴れた日に、フクちゃんはながれのはやい川で魚をとりました。ミミちゃんはとてもしんぱいそうにフクちゃんを見ていました。

	主語	目てき語	じゅつ語
前の文	フクちゃんは	魚を	とりました
後の文	ミミちゃんは	フクちゃんを	見ていました

ようやく（　）にあてはまることばを書きましょう。

（フクちゃん）は（魚）を（とりました）。
（ミミちゃん）は（フクちゃん）を（見ていました）。

2 クリスマスの日、ケーキ屋さんが朝早くからお店をあけました。エプロンすがたのお姉さんが、ショーウインドウにたくさんのケーキをならべました。

	主語	目てき語	じゅつ語
前の文	ケーキ屋さんが	お店を	あけました
後の文	お姉さんが	ケーキを	ならべました

ようやく（　）にあてはまることばを書きましょう。

（ケーキ屋さん）が（お店）を（あけました）。
（お姉さんが）が（ケーキ）を（ならべました）。

れんしゅう②

1 かなり飾りの言葉がついた、長い文の要約問題です。前の文の主語は「フクちゃんは」、述語は「とりました」、目的語は「魚を」。後はすべて飾りの言葉です。そこで、一文の要約文は「フクちゃんは魚をとりました」。

後の文の主語は「ミミちゃんは」、述語は「見ていました」、目的語は「フクちゃんを」。そこで、一文の要約文は、「ミミちゃんはフクちゃんを見ていました」となります。

2 さらに飾りの言葉がたくさんついて、一見複雑に見える文です。しかし、要点さえつかまえれば、どんな複雑で長い文も、主語と述語、目的語だけの簡単な文になってしまいます。

前の文の主語は「ケーキ屋さんが」、述語は「あけました」。目的語は「お店を」。後はすべて飾りにすぎません。要約文は「ケーキ屋さんがお店をあけました」。

後の文の主語は「お姉さんが」、述語は「ならべました」、目的語は「ケーキを」。要約文は「お姉さんがケーキをならべました」。

苦手な子はスパイラル 小1レベル・ステップ4、小2レベル・ステップ4、ステップ5で復習しよう

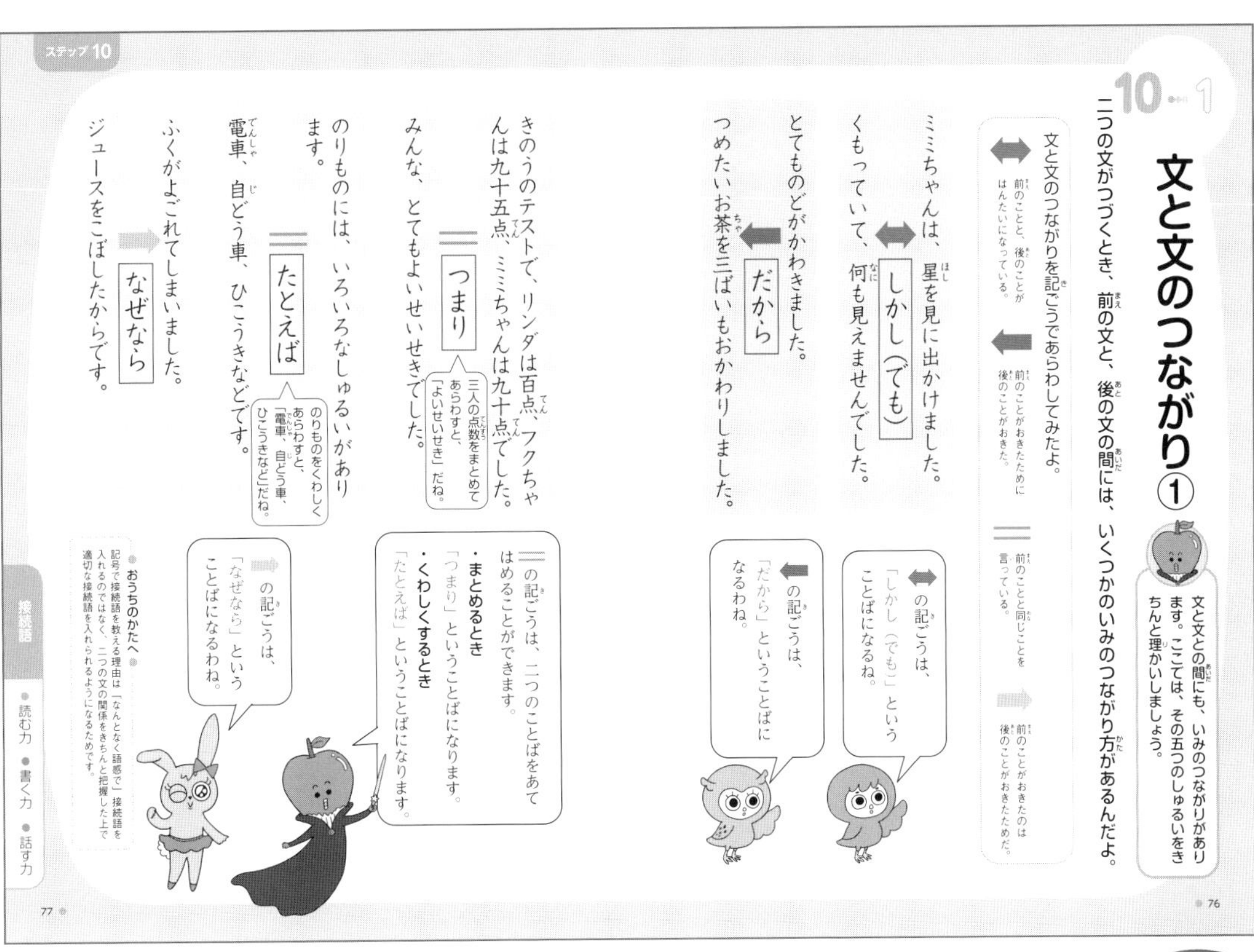

76

10…1 文と文のつながり①

二つの文がつづくとき、前の文と、後の文の間には、いくつかのいみのつながり方があるんだよ。

文と文との間にも、いみのつながりがあります。ここでは、その五つのしゅるいをきちんと理かいしましょう。

文と文のつながりを記ごうであらわしてみたよ。

↔ 前のことと、後のことがはんたいになっている。

← 前のことがおきたために後のことがおきた。

＝ 前のことと同じことを言っている。

→ 前のことがおきたのは後のことがおきたためだ。

ミミちゃんは、星を見に出かけました。

↔ しかし（でも）

くもっていて、何も見えませんでした。

とてものどがかわきました。

← だから

つめたいお茶を三ばいもおかわりしました。

↔の記ごうは、「しかし（でも）」ということばになるね。
←の記ごうは、「だから」ということばになるわね。

ステップ10

きのうのテストで、リンダは百点、フクちゃんは九十五点、ミミちゃんは九十点でした。

＝ つまり

みんな、とてもよいせいせきでした。

三人の点数をまとめてあらわすと、「よいせいせき」だね。

のりものには、いろいろなしゅるいがあります。

＝ たとえば

電車、自どう車、ひこうきなどです。

のりものをくわしくあらわすと、「電車、自どう車、ひこうきなど」だね。

ふくがよごれてしまいました。

→ なぜなら

ジュースをこぼしたからです。

＝の記ごうは、二つのことばをあてはめることができます。
・まとめるとき
「つまり」ということばになります。
・くわしくするとき
「たとえば」ということばになります。
→の記ごうは、「なぜなら」ということばになるわね。

おうちのかたへ

記号で接続語を教える理由は「なんとなく語感で」接続語を入れるのではなく、二つの文の関係をきちんと把握した上で適切な接続語を入れられるようになるためです。

接続語　●読む力　●書く力　●話す力

77

ステップ 10…1 文と文のつながり①

学習のねらい

「ミミちゃんは星を見に出かけた」という前の文の内容に対して、「見えませんでした」と反対の内容の文が後に続くので、↔で表します。

のどがかわいた（前の文）結果、お茶を三ばいもおかわりした（後の文）のですから、前の文の結果が後の文となり、←で表します。

前の文の三人の成績をまとめて言うと、後の文の「みんな、とてもよいせいせきでした」となるので、＝で表します。

前の文の「のりもの」の具体例が、後の文の「電車、自どう車、ひこうき」なので、これも＝で表します。

ふくがよごれた（前の文）ことの理由が、ジュースをこぼした（後の文）なので、後の文の結果が前の文となり、→で表します。

ステップ10

10-1

文と文のつながり①

れんしゅう①

前のページのようにして、前の文と後の文のつながりを記ごうとことばであらわします。下の「記ごうとことば」からえらんで、□にはあてはまる記ごうを、[ ]にはあてはまることばを書きましょう。

① チョウには、いろいろなしゅるいがいます。
＝ たとえば
アゲハチョウ、モンシロチョウ、シジミチョウなどです。

② 今日の体いくはてつぼうで、さか上がりのれんしゅうをしました。
↔ しかし
わたしはてつぼうがにが手で、一どもできませんでした。

③ えき前のケーキ屋さんは、月曜日から金曜日まで店をあけています。
＝ つまり
へい日だけ店をあけているということです。

④ ぼくは、ふざけていて花だんの花をふんでしまいました。
← だから
お母さんにしかられました。

⑤ フクちゃんはドーナツの半分をノンタにあげました。
→ なぜなら
ノンタがドーナツをおとしてしまったからです。

記ごうとことば
↔ しかし　＝ つまり（まとめるとき）
← だから　＝ たとえば（くわしくするとき）
→ なぜなら

おうちのかたへ
「しかし」「だから」「つまり」「たとえば」「なぜなら」は、文と文の論理的関係を表す基本的な接続語です。この使い方をマスターするだけで、自然と論理的な話し方ができるようになります。

接続語　●読む力　●書く力　●話す力

れんしゅう①

① 「いろいろなしゅるい（抽象）」＝「アゲハチョウ、モンシロチョウ、シジミチョウなど（具体）」という＝の関係です。具体例を挙げているので、「たとえば」。

② 「さか上がりのれんしゅうをし」たのに、「いちどもできませんでした」とあり、前の内容と反対になっているので、↔の関係。接続語は逆接の「しかし」。同じ意味の接続語には「だが」「ところが」などがあります。

③ 「月曜日から金曜日（具体）」＝「へい日（抽象）」とまとめているので、＝の関係で、接続語は「つまり」。同じ意味の接続語には「すなわち」「要するに」があります。

④ 「花をふんでしまいました」結果、「しかられました」なので、←の関係。そこで、接続語は「だから」。同じ意味の接続語には「したがって」があります。

⑤ 「ドーナツの半分をノンタにあげました」の理由が、「ノンタがドーナツをおとしてしまったから」だから、→の関係で、接続語は「なぜなら」。「なぜなら～から」と呼応することに注意してください。

苦手な子はスパイラル
小1レベル・ステップ8で復習しよう

ステップ10

10-1

文と文のつながり①

れんしゅう②

前のページのようにして、前の文と後の文のつながりを記ごうとことばであらわします。下の「記ごうとことば」からえらんで、□にはあてはまる記ごうを、[　]にはあてはまることばを書きましょう。

① ミミちゃんはピアノのはっぴょう会のために毎日れんしゅうしました。
←　だから
はっぴょう会のえんそうの後、たくさんのはく手をもらいました。

② リンダは、シンデレラやもも太ろう、はだかの王さまなど、たくさんの本を読んでいます。
＝　つまり
リンダは、ものがたりを読むのがすきなのです。

③ ノンタは「ラーメン出てこい」というじゅ文を百回となえました。
↔　しかし
けむりの中からあらわれたのは、ラーメンではなくどんぶりでした。

④ リンゴ先生がビッキーをしかりました。
→　なぜなら
ビッキーは、きのうはふでばこを、今日はノートをわすれてきたからです。

⑤ フクちゃんはお母さんの手つだいをしました。
＝　たとえば
ゴミを出したり、おさらをふいたり、花に水をあげたりしました。

記ごうとことば

↔ しかし	＝ つまり（まとめるとき）
← だから	＝ たとえば（くわしくするとき）
→ なぜなら	

接続語　●読む力　●書く力　●話す力

80　81

れんしゅう②

① 「毎日れんしゅうしました」結果、「はく手をもらいました」なので、←の関係。そこで、接続語は「だから」。

② 「シンデレラやもも太ろう、はだかの王さま（具体）」＝「もの語（抽象）」とまとめているので、＝の関係で、接続語は「つまり」。

③ 『ラーメン出てこい』というじゅ文を百回となえ」たのに、「ラーメンではなくどんぶりでした」とあり、前の内容と反対になっているので、↔の関係。接続語は逆接の「しかし」。

④ 「ビッキーをしかりました」の理由は、後の文のビッキーがよく忘れ物をすることなので、→の関係です。接続語は理由を示す「なぜなら」。

⑤ 「手つだい（抽象）」＝「ごみを出したり、おさらをふいたり、花に水をあげたり（具体）」という＝の関係です。具体例を挙げているので、「たとえば」。

苦手な子はスパイラル

小1レベル・ステップ8で復習しよう

10-2 文と文のつながり②　れんしゅう

つぎの文の□にあてはまることばを、後の□からえらんで答えましょう。（同じことばを二回つかってもかまいません）

①知らないことを、図かんでしらべようと思いました。
だから
図書しつに行きました。

②わたしには、すきなことがたくさんあります。
たとえば
本を読むこと、ピアノをひくこと、プールでおよぐことです。

③おつかいで牛にゅうを買いに行きました。
しかし
さいふをわすれてしまいました。

④お母さんがあわててまどをしめました。
なぜなら
きゅうに雨がふってきたからです。

⑤お姉さんは、ピーマンとブロッコリーをのこします。きゅうりもニンジンも食べません。
つまり
野さいがきらいなのです。

⑥りょこうから帰ってきたら、うえ木ばちのアサガオがかれていました。
なぜなら
三日間も水をやらなかったからです。

しかし　だから　なぜなら　たとえば　つまり

●おうちのかたへ●
記号で文と文の関係がイメージできるようになったら、確実に正しい接続語が使えるようになります。

接続語　●読む力　●書く力　●話す力

83　82

ステップ 10-2 文と文のつながり②

れんしゅう

①前の文の「しらべようと思いました」が原因となって、図書室に行ったという結果が起こったので、「だから（←）」となります。

②前の文の「すきなこと」の具体例が、後の文の「本を読むこと、ピアノをひくこと、プールでおよぐこと」なので、「たとえば（＝）」となります。

③前の文で牛乳を買いに行ったのですが、後の文では財布を忘れて買えなかったので、「しかし（↔）」となります。

④前の文でお母さんがあわてて窓を閉めたことの原因が、後の文の雨が降ってきたことなので、「なぜなら（→）」となります。

⑤前の文のピーマン、ブロッコリー、キュウリとニンジンを食べないことを、後の文で「野さいがきらい」とまとめているので、「つまり（＝）」となります。

⑥前の文でアサガオが枯れていたことの原因が、後の文の「水をやらなかった」ことなので、「なぜなら（→）」となります。

苦手な子はスパイラル 小1レベル・ステップ8で復習しよう

11-1

こそあどことば

こそあどことばは、ものをさすときにつかいます。どれくらいはなれているかによって、つかうことばがちがいます。

これ。
それ。
あれ。
ひとつだけ大きいのがあるわね。
どれ？

こそあどことばは、自分とものとのきょりでつかい分けます。近いじゅんから、こそあどことばを書きましょう。

近い → 遠い			わからない
これ	それ	あれ	どれ

84

ステップ 11

絵の中のこそあどことばがさしているものがわかるかな？

あれは何というどうぶつかな？
これはカンガルーです。
どれ？

どれも、カンガルーをさしているね。

これは、何という花？
それは、パンジーよ。

どちらも、パンジーをさしているね。

こそあどことばをまとめてみました。

近い	中	遠い	わからない
ここ	そこ	あそこ	どこ
これ	それ	あれ	どれ
この	その	あの	どの
こっち	そっち	あっち	どっち
こんな	そんな	あんな	どんな

●おうちのかたへ
日常生活の中で、こそあど言葉あそびをやってみましょう。いろいろなものを指さすことで、こそあど言葉について理解を深めることができます。

指示語の理解 ●読む力 ●書く力

85

ステップ 11-1

こそあどことば

学習のねらい

指示語の指す対象が近いときは「これ」、少し遠いときは「それ」、すごく遠いときは「あれ」、わからないときは「どれ」となります。

左ページを見る際は、子どもには誰の視点からの距離なのかを意識させてください。

フクちゃんから見ると、カンガルーは遠いので、「あれ」です。ミミちゃんは質問しているので、「どれ」です。ノンタから見ると、すぐ近くにカンガルーがいるので、「これ」です。三人ともカンガルーを指しています。

下の絵では、フクちゃんは近くのパンジーを指さしているので、「これ」です。ミミちゃんから見ると、パンジーは少し距離があるので、「それ」です。どちらもパンジーを指しています。

ステップ 11

11-1

こそあどことば

れんしゅう①

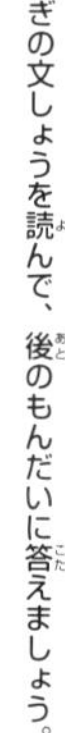

つぎの文しょうを読んで、後のもんだいに答えましょう。

①おじいさんから、にもつがとどきました。それをあけると、たくさんの野さいが入っていました。

「それ」とは何のことでしょう。

にもつ

②公園であそんでいると、バッタを見つけました。それは大きくて、元気よくとびはねていました。

「それ」とは何のことでしょう。

バッタ

③赤いタワーが遠くに見えました。わたしは、あれは何だろうと思いながら歩いていました。

「あれ」とは何のことでしょう。

(赤い)タワー

④これは、わたしがまだ小さいときのしゃしんです。

「これ」とは何のことでしょう。

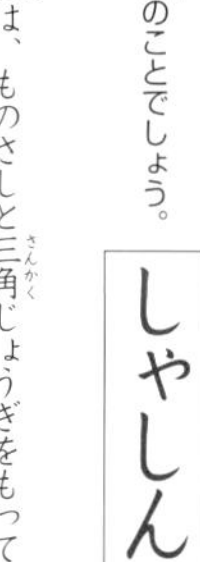

しゃしん

⑤先生が、「明日は、ものさしと三角じょうぎをもってきてください。この二つは、算数のじゅぎょうでつかいます。」と言いました。

「この二つ」とは何のことでしょう。

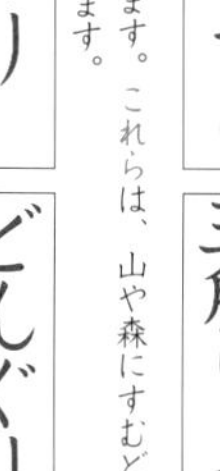

ものさし　三角じょうぎ

⑥秋になると、くりやどんぐりなどがみをつけます。これらは、山や森にすむどうぶつたちが冬をこすための大切な食べものになります。

「これら」とは何のことでしょう。

くり

どんぐり

●おうちのかたへ●
指示語が指す言葉を探すときは、まず指示語の前の、近くから遠くへと探します。指示語の前にない場合は、後を探すようにします。

指示語の理解　●読む力　●書く力

86

87

れんしゅう①

指示内容を探すときは、まず指示語の前から検討しましょう。前にないときに限って、次に後ろを検討します。そして検討の際には、指示語に近いところから順次遠いところへ向かって検討していきます。また指示内容を発見したら、必ず指示語に当てはめてみて確認しましょう。

①直前に「にもつ」とあります。「にもつをあけた」のです。

②直前に「バッタ」とあります。「バッタは大きくて」です。

③直前に「(赤い)タワー」があります。「(赤い)タワーは何だろう」と私は思ったのです。

④前に文がないので、指示内容がありません。そこで、後ろの近いところから探していくと、「しゃしん」だとわかります。

⑤「この二つ」とあるので、指示語の前、近くから遠くに向けて二つの指示内容を探していきます。すると、「ものさしと三角じょうぎ」だとわかります。

⑥「これら」と複数形になっているので、指示語の前、近くから遠くに向けて複数の指示内容を探します。すると、直前にある「くりやどんぐり」だとわかります。栗やどんぐりは山や森に住む動物たちが冬を越すための大切な食べ物になるのです。

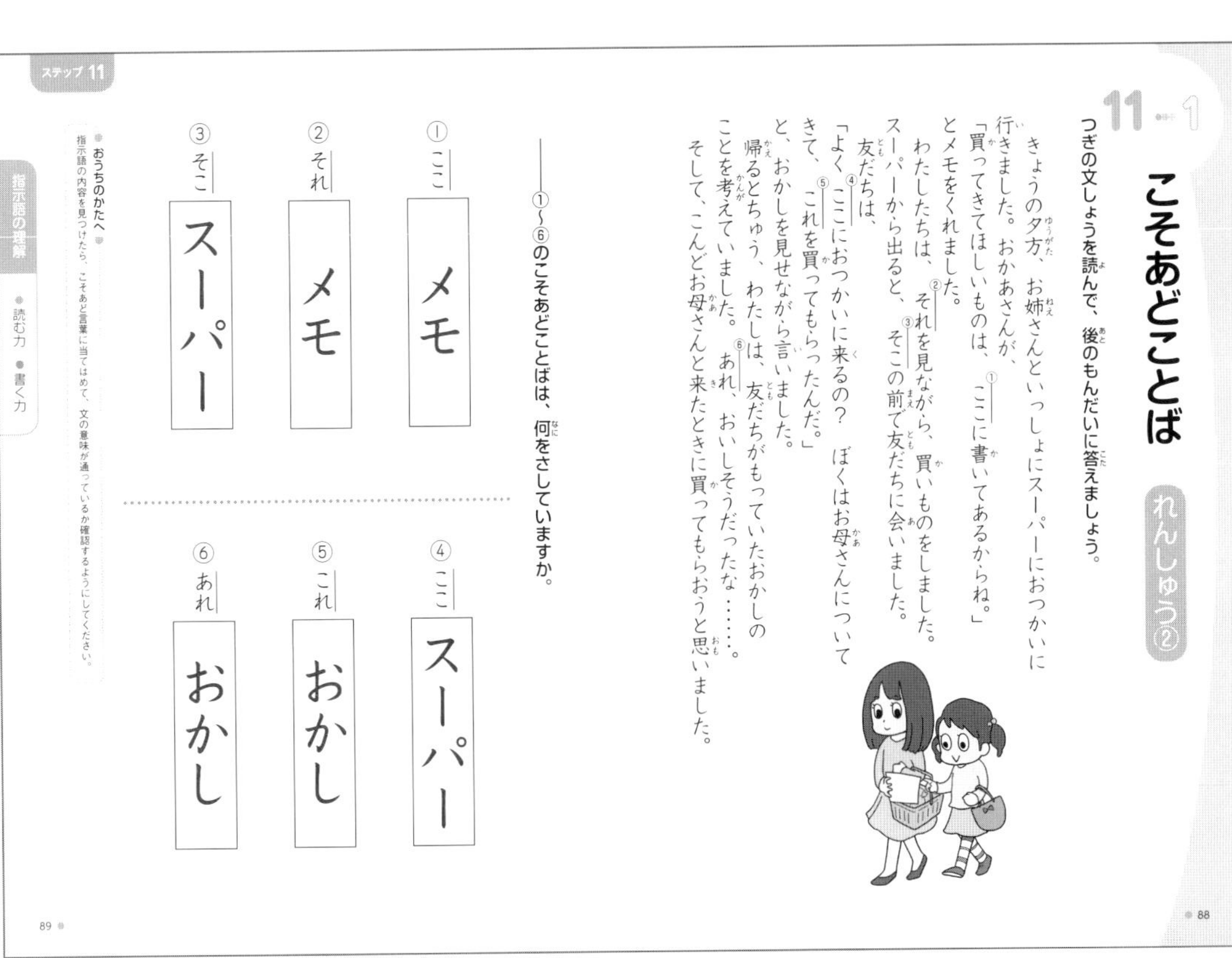

ステップ11

11-1

こそあどことば

れんしゅう②

つぎの文しょうを読んで、後のもんだいに答えましょう。


きょうの夕方、お姉さんといっしょにスーパーにおつかいに行きました。おかあさんが、

「買ってきてほしいものは、①ここに書いてあるからね。」

とメモをくれました。

わたしたちは、②それを見ながら、買いものをしました。

スーパーから出ると、③そこの前で友だちに会いました。

友だちは、

「よく④ここにおつかいに来るの？　ぼくはお母さんについてきて、⑤これを買ってもらったんだ。」

と、おかしを見せながら言いました。

帰るとちゅう、わたしは、友だちがもっていたおかしのことを考えていました。⑥あれ、おいしそうだったな……。

そして、こんどお母さんと来たときに買ってもらおうと思いました。


――①～⑥のこそあどことばは、何をさしていますか。

① ここ　メモ
② それ　メモ
③ そこ　スーパー
④ ここ　スーパー
⑤ これ　おかし
⑥ あれ　おかし

おうちのかたへ
指示語の内容を見つけたら、こそあど言葉に当てはめて、文の意味が通っているか確認するようにしてください。

指示語の理解　●読む力　●書く力

88　89

れんしゅう②

いよいよまとまった文章の中での指示語の問題です。ここでも、「前から後ろへ」「近くから遠くへ」という二つの順番を意識させてください。

①「買ってほしいもの」を書いた指示内容が前にないので、後ろを探すと直後に「メモ」とあります。

②直前に「メモ」があります。メモを見ながら買い物をしたのです。

③直前で場所を示す言葉は「スーパー」です。スーパーにおつかいに来たのです。

④「ここ」とは、友だちがいた場所のことで、「スーパーで出会った」ので、「スーパー」。

⑤前に指示内容である「買ってもらったもの」がないので、後ろを近距離から探します。直後にある「おかし」が買ってもらったものです。

⑥直前に「おかし」があります。おかしがおいしそうだと思ったのです。

ステップ 12

12-1 いつ？ どこで？ れんしゅう

「れい」のようにして、文の中から、いつ（時）をあらわすことばと、どこ（場しょ）をあらわすことばをえらんで答えましょう。

れい 午前十時に東京えきに来てください。

いつ 午前十時　どこ 東京えき

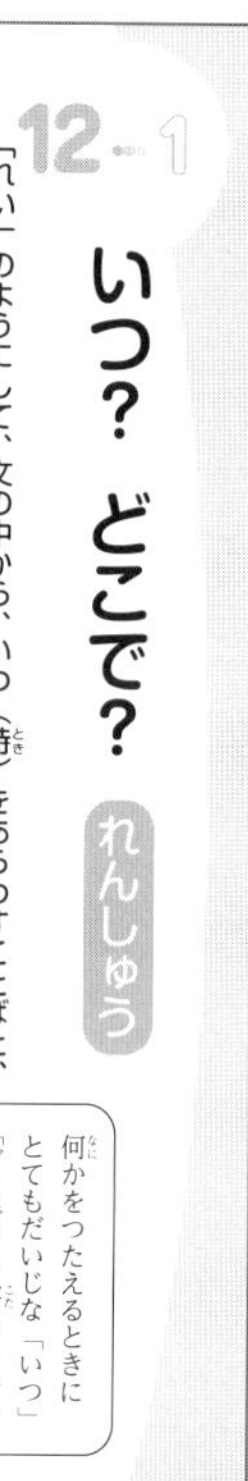

何かをつたえるときにとてもだいじな「いつ」「どこで」を答えるれんしゅうをしましょう。

① かいかいしきは、午後一時から体いくかんで行われます。

いつ 午後一時　どこ 体いくかん

② わたしは冬休みに新かん線で北海道に行きます。

いつ 冬休み　どこ 北海道

③ このめずらしい貝がらを、八月におきなわでひろいました。

いつ 八月　どこ おきなわ

④ たん生日に、家ぞくでレストランへ行ってごはんを食べます。

いつ たん生日　どこ レストラン

⑤ みんなにくばるプリントをわたすので、一時間後にしょくいん室に来てください。

いつ 一時間後　どこ しょくいん室

● おうちのかたへ
報道の文章やレポートは言うまでもなく、日常会話の中でも「いつ」「どこで」は大切な情報です。低学年のうちから相手にものごとを伝える際に「いつ」「どこで」を意識して話す習慣をつけるようにしましょう。

5W1H ●読む力 ●書く力

90　91

いつ？ どこで？

れんしゅう

一文の中の時と場所を指摘する問題です。

①時は「午後一時」、場所は「体いくかん」です。「かいかいしきは」→「行われます」が文の要点。

②時は「冬休み」、場所は「北海道」。「わたしは」→「行きます」が文の要点。

③時は「八月」、場所は「おきなわ」。述語は「ひろいました」で、主語の「わたしは」が省略されています。

④時は「たん生日」、場所は「レストラン」。述語が「食べます」で、目的語が「ごはんを」。主語の「わたしは」が省略されています。「たん生日に」「家族で」は主語になりません。

⑤時は「一時間後」、場所は「しょくいん室」。述語が「来てください」で、命令文のため主語はありません。

苦手な子はスパイラル 小1レベル・ステップ9で復習しよう

12-2 いつ、どこで、だれが、なにを、どうした

れんしゅう

1 リンダの手紙を読んで、下のもんだいに答えましょう。

リンダの手紙

おばあさんへ
　森の学校の遠足が金曜日にありました。友だちみんなでくりひろいをしました。わたしもたくさんくりをひろいました。お母さんが「おばあさんにもわけてあげたら。」と言ったので、くりをおくります。おかあさんが近くのお店で買ってきたさつまいももいっしょに入れておきます。これらでおいしいおやつを作ってね。
リンダより

①くりをひろったのはいつですか。
金曜日

②おばあさんにくりをおくるのはなぜですか。
お母さんが「おばあさんにもわけてあげたら。」と言ったから。

③さつまいもを買ったのはどこですか。
近くのお店

④おばあさんに何をおくるのですか。
くり と さつまいも

2 森の学校新聞を読んで、下のもんだいに答えましょう。

森の学校新聞

　9月8日の10時ごろ、きゅう食室で見なれない紙ぶくろが見つかりました。「ひょっとすると、ばくだんかもしれない」と、大さわぎになりましたが、リンゴ先生がまほうをつかって中をしらべたところ、あんパンであることがわかりました。もちぬしはノンタで、「こんなに大さわぎになって、ごめんなさい。」とあやまっているとのことです。「おなかが空いたら食べようと思ってかくしていたんだ。」とも言っています。

①どこでおきたことですか。
きゅう食室

②見つかったものは、なんですか。
(見なれない)紙ぶくろ

③紙ぶくろの中は、どのようにしてあんパンだとわかりましたか。
リンゴ先生がまほうをつかって(中をしらべた。)

④紙ぶくろは、だれのものでしたか。
ノンタ

●おうちのかたへ●
少し長い文章から5W1Hの情報を読みとる練習です。5W1Hを意識することは、何かを人に伝達するときに有効です。そして、大切な情報であるため、それを読みとる力も必要です。また、理由(what)を問う問題に答えるときは、最後に「～から。」と付けることも意識しましょう。

5W1H　●読む力　●書く力

ステップ 12-2 いつ、どこで、だれが、なにを、どうした

れんしゅう

1 友達と待ち合わせの約束をしたとき、「いつ」「どこ」を言わなかったなら、無事に会うことができるかどうかを考えてみてください。相手に情報を伝えるときは「いつ」「どこで」が大切なのは言うまでもありません。それと一文の要点となる「だれが」「なにを」「どうした」を意識しましょう。問題は「おばあさん」に宛てた、リンダの手紙です。

①「金曜日」の遠足でくりを拾ったのです。

②「お母さんが『おばあさんにもわけてあげたら。』と言ったので」と、理由を表す「ので」に着目します。

③「近くのお店で買ってきたさつまいも」とあります。

④「くりをおくります」「さつまいももいっしょに入れておきます」とあります。

2 今度は学校新聞です。大勢の人たちに読んでもらう新聞なので、情報を正確に伝えることが必要です。

①「きゅう食室で見なれない紙ぶくろが見つかりました」とあります。

②見つかったのは「紙ぶくろ」です。

③「リンゴ先生がまほうをつかって中をしらべた」とあります。

④「もちぬしはノンタで」とあります。

苦手な子はスパイラル　小1レベル・ステップ9で復習しよう

13…1 話だいといけん

せつ明文を読むときは、まず何について書いているのか、読みとりましょう。これを「話だい」といいます。話だいがわかっていないと文しょうを正しく理かいすることができません。

電話はとてもべんりなものです。遠くはなれた外国の人と話すことができたり、一人ぐらしのお年よりの心のささえになったりします。じこやびょう気のときにきゅうきゅう車をよぶのも電話ですね。

その一方、お金をだましとるために、わるい人がお年よりに電話をかけたり、お店にうそのちゅう文をしたりするいたずら電話のひがいも、年に何千けんもあるそうです。

上の文しょうは、何について書いてあるかわかる？
電話のことが、いろいろ書いてあるわね。
そう、電話について書いてあります。この「何について」を話だいといいます。この文しょうの話だいは「電話について」ですね。

94

ステップ13

れんしゅう　つぎの文しょうを読んで、下のもんだいに答えましょう。

わたしのしんせきに、パンやさんをしている人がいます。パンやさんの朝は早いです。朝は六時ごろからしごとをはじめます。お店をあける時間にパンがやき上がっていなければいけないからです。

パンを作る場しょには、いろんなきかいがあります。人の手でやっていたのでは、間にあわないし、すぐにつかれてしまうから、きかいをつかうそうです。それでも、一日中立ちっぱなしで、休む時間はほとんどありません。きっとつかれているのに、いつもお店ではえがおでいるパンやさんのしごとは大へんだと思います。

1 上の文しょうの話だいを書きましょう。

2 この文しょうを書いた人は、話だいについて、どのように思っていますか。□にあてはまるように書きましょう。

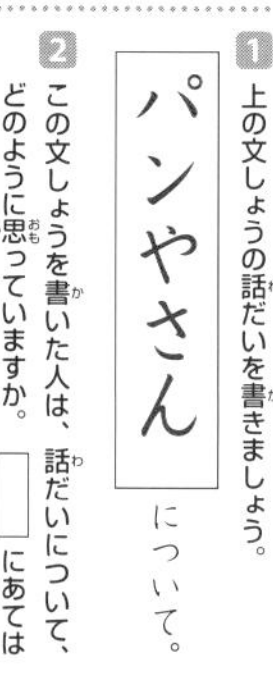

話だいについて、どのように思っているのか、わかりますか。それが「いけん」です。

説明文の読解　●読む力　●思考力

95

ステップ 13…1 話だいといけん

学習のねらい

文章を読むとき、何の目的も持たずにただ何となく読んでしまって、話の筋が追えなくなり、次第に活字から眼が離れてぼんやりしてきたことはありませんか。

そのようなことを避けるために、読解のコツとして、何についての話（話題）なのかを意識して読む習慣をつけましょう。

例文の話題は「電話」です。電話という話題に対して、筆者が何か意見があるのだと心構えをして、文章を読んでいくのです。

筆者の意見は前半と後半で二つあります。まず電話が便利であることが述べられ、続いて電話が便利なことの具体例が挙げられています。

後半の段落は「その一方」とあるので、前半と反対の内容だとわかります。接続語の記号を思い出してください。電話は便利だけど、一方で、その被害も後を絶たないのです。

れんしゅう

話題と意見を読み取りましょう。話題は「パンやさん」について。次に、パン屋さんについての「筆者の意見」を読み取ります。

前半の段落では、「パン屋さんの朝は早い」ことが述べられています。後半の段落では、「パンを作る場所に機械も備えているけれど、それでもパン屋さんは休む暇がない」と述べられています。

筆者の意見は、本文末尾の「パンやさんのしごとは大へんだ」です。

ステップ13…2

いけんと理ゆう

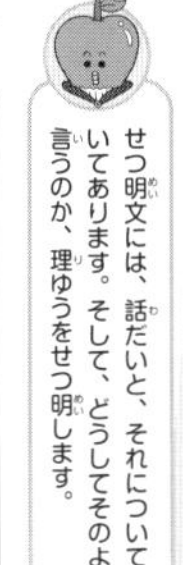

せつ明文には、話だいと、それについてのいけんが書いてあります。そして、どうしてそのようないけんを言うのか、理ゆうをせつ明します。

学校の帰りに通る大きな家のにわに、池があります。その池でおよいでいるコイを見るのが大すきです。そばによると、ときどき、コイが近くにあつまってきます。パンくずをあげると、おいしそうに食べてくれます。

わたしもコイをかってみたいと思いますが、わたしの家には、池をつくるほどの大きなにわがないので、かえません。それに、コイをかうためには、池のほかにもいろいろとひつようなものがあると聞きました。

だから、コイをかうのは、とてもむずかしいことなのだと思いました。

いけん
コイをかうのはとてもむずかしいことだ。

理ゆう
池をつくるほどの大きなにわがないとかえないし、池のほかにもいろいろとひつようなものがあるから。

れんしゅう

つぎの文しょうを読んで、下のもんだいに答えましょう。

みなさんは、あいさつのことばをいくつ言えますか。おきたときの「おはよう」、ねる前の「おやすみ」、ごはんのときは「いただきます」。これらは家の中でもつかうあいさつのことばですね。

学校から帰るときは、先生には「さようなら」、友だちには「バイバイ」でしょうか。ほかにも、だれかのたん生日には「おめでとう」、おれいを言うときは「ありがとう」と言いますね。

こんなふうに、あいさつのことばをたくさん言えることは、とても大切なことなのです。なぜなら、あいさつとは、みんなが気もちよく生活できるように考えられたちえだからです。

●おうちのかたへ●
意見をきちんととらえることができたら、次は、どうしてその意見を持っているのかという理由もあわせて探すようにしてみてください。因果関係を意識することが、論理的な力をつける基礎となります。

1 上の文しょうのいけんを、ます目に合うように書きましょう。

あ	い	さ	つ	の	こ	と	ば	を
た	く	さ	ん	言	え	る	こ	と

は、とても大切なことです。

2 1のようないけんを言う理ゆうをます目に合うように書きましょう。

あいさつとは、みんなが

気	も	ち	よ	く	生	活

できるように

考	え	ら	れ	た	ち	え

だから。

この文しょうでは、いけんの後に、「なぜなら」ということばがあるわね。「いけん→なぜなら→理ゆう」ね。

説明文の読解　●読む力　●思考力

ステップ13…2

いけんと理ゆう

学習のねらい

説明文では、「話題」、「筆者の意見」、そして「意見の理由」が述べられていることが多いです。今度は「意見の理由」を読み取る練習です。

例文の話題は「コイをかう」ことです。その話題に対して、「わたしの意見」は、本文末尾に「コイをかうのは、とてもむずかしいことなのだと思いました」とあります。

次に例文の中から、「コイをかうのは、とてもむずかしい」の理由となる箇所を探します。すると、後半の段落に「池を作るほどの大きなにわがない」が、コイが飼えない理由として挙げられています。さらに、「それに」という接続語から、もう一つ理由が挙げられていることがわかります。それは、「池のほかにもいろいろとひつようなものがある」です。

れんしゅう

話題は「あいさつ」です。

さて、筆者の意見を見つける際は「書いた人は話題についてどう思っているの?」と自分自身に問いかけるようにします。本問では第三段落で「あいさつのことばをたくさん言えることは、とても大切なことなのです」とあり、これが筆者の意見です。

次にその理由を探すと直後に、「なぜなら」と理由を表す接続語があります。答えは「あいさつとは、みんなが気もちよく生活できるように考えられたちえだから」です。

ステップ13

13-3

せつ明文を読む せつ明文

つぎの文しょうを読んで、後のもんだいに答えましょう。

わたしたちが毎日のように食べているお米には、たくさんのしゅるいがあります。コシヒカリ、ササニシキ、ひとめぼれなどがゆう名です。

おいしいかどうかは、人によってかんじ方がちがいますが、おいしいお米とは、だいたいつぎのようなものだと言われます。それは、色が白くつやがあるもの、かむとあまみが出るもの、ねばりがあるものです。

一九五六年にコシヒカリと名づけられたお米ができましたが、くきが弱くてたおれやすく、はじめはあまり作られませんでした。そのときは、じょうぶでたくさんしゅうかくできることが大事だったのです。（①）、よの中がゆたかになると、人びとはおいしいお米が食べたいと思うようになりました。そして、コシヒカリのあじがよいことがだんだん知られはじめたので、②たくさん作られるようになったのです。

また、ひとめぼれは、さむさに強く、コシヒカリより作りやすいので、③全国に広がりました。かおりがよく、つめたくなってもあじがおちないので、人気があります。

今も、おいしいお米を作るために、たくさんの人がけんきゅうをつづけています。

れんしゅう①

1 おいしいお米とはどのようなお米ですか。3つ書きましょう。

色が白くつやがあるもの
かむとあまみがでるもの
ねばりがあるもの

2 （①）にあてはまることばをつぎからえらんで記ごうに○をつけましょう。

ア なぜなら　イ だから　ウ しかし（○）　エ つまり

3 ――②「たくさん作られるようになった」のはなぜですか。ます目に合うように書きましょう。

コシヒカリのあじが よいことがだんだん知られはじめた から。

4 ――③「全国に広がった」のはなぜですか。ます目に合うように書きましょう。

さむさに強く コシヒカリより作りやすい から。

説明文の読解　● 読む力 ● 思考力

ステップ 13-3 せつ明文を読む せつ明文

実際の国語の試験のような総合問題を解いていきましょう。かなり長い、まとまった文章です。接続語や指示語、理由を問う設問があります。これまでに学習したことの確認をしましょう。

れんしゅう①

話題は、「おいしいお米」についてです。

1 おいしいお米とは、つぎのようなものだと、その後の文章で、形状・味・食感の三つをあげています。

2 接続語の問題です。「じょうぶでたくさんしゅうかくできることが大事だった」のに対し、「よの中がゆたかになると、人びとはおいしいお米を食べたいと思うようになった」と前の内容と逆のことを言っているので、逆接のウ「しかし」。

3 コシヒカリがたくさん作られるようになった理由ですが、傍線直前に「コシヒカリのあじがよいことがだんだん知られはじめたので」とあります。理由を表す「ので」に着目します。

4 ここでも理由を聞く問題です。ひとめぼれが全国に広がった理由ですが、直前で「コシヒカリより作りやすいので」とあります。ここにも理由を表す「ので」があることに注意してください。

苦手な子はスパイラル

小1レベル・ステップ11―2で復習しよう

13-3 せつ明文を読む
せつ明文

つぎの文しょうを読んで、後のもんだいに答えましょう。

れんしゅう②

夜に道を歩いていると、空に月が出ていて、その月がどんなに歩いても、①わたしたちについてくるように思ったことはありませんか。電しんばしらや、ほかのたてものは見えなくなっても、月だけはついてくる。（　②　）、これは本当に月がついてくるわけではありません。月がとても遠くにあるため、そのような気がするのです。

たとえば、電車にのっていて、まどの外を見ると目の前のかんばんなどはとぶようにすぎてしまうのに、遠くにある山や雲はずっと見えています。つまり、自分から遠くにあるものは、なかなかうごかないように見えるのです。月にも同じことがいえます。月も遠くにあるので、いくら歩いてもずっと見えています。それで、月がついてきているようにかんじてしまうのです。

では、③月と地きゅうはどれくらいはなれているのでしょうか。月は地きゅうからおよそ40万キロメートルもはなれています。そういわれてもぴんとこないかもしれませんね。たとえば、月に行くには、新かん線だと53日、歩くと11年もかかるといわれると、その遠さがよくわかると思います。

1 上の文しょうの話だいをかん字一字で書きましょう。

［月］について

2 ―①とありますが、月がついてくるように思えるのはなぜですか。文中からぬき出してます目に合うように書きましょう。

［月がとても遠くにある］ため。

3 （　②　）にあてはまることばを、つぎの中からえらんで、記ごうに○をつけましょう。

㋐ しかし　イ だから
ウ つまり　エ たとえば

4 ―③とありますが、月と地きゅうはどれくらいはなれていますか。□にあてはまることばを書きましょう。

新かん線だと［53日］、歩くと［11年］もかかるほどはなれている。

説明文の読解　●読む力　●思考力

101　100

れんしゅう②

1 「空に月が出ていて、その月が～」と、筆者は「月」の話をしようとしています。話題は文章の初めの方にあり、くり返されて使われることが多いのです。

2 「その月がどんなに歩いても、わたしたちについてくるように思ったことはありませんか」が問題提起です。筆者が質問を投げかけ、次にその答えを示す形式です。そこで、なぜ月がついてくるように感じるのか、その答えを探して読んでいきます。
第一段落の最後に「月がとても遠くにあるため、そのような気がするのです」とあります。「そのような」とは「月がついてくる」ことです。理由を表す「ため」に着目します。第二段落冒頭の「たとえば」は、遠くにあるとついてくるように見える月を説明するための具体例で、「つまり」以下で、それをまとめています。このように接続語に着目しながら、論理的に読んでいくようにします。「つまり、自分から遠くにあるものは、なかなかうごかないように見える」と、月がついてくる理由をくわしく説明しています。

3 空所の後で「これは本当に月がついてくるわけではありません。」と、空所の前の内容を否定しているので、逆接のア「しかし」が答え。

4 最終段落に「たとえば、月に行くには、新かん線だと53日、歩くと11年もかかる」とあります。このように答えは必ず文中にあるので、その箇所を探すようにします。

☆身近な現象に対して、「なぜ」と疑問を持つようにすることが論理的思考の第一歩です。指導される方も一緒に考えていただきたいと思います。

13-3 せつ明文を読む
せつ明文

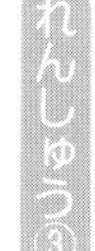

つぎの文しょうを読んで、後のもんだいに答えましょう。

（前のページのつづきです。）

月が地きゅうから遠くはなれていることはわかりました。では、そのきょりはどのようにしてはかったのでしょう。

１９６９年、アポロ11ごうというロケットにのって、人間ははじめて月に行き、①その上に立つことができました。そのあと、何どか人間は月に行きました。そのとき、地きゅうから月までのきょりをはかるため、とくべつな光をはねかえすかがみを月においてきました。地きゅうから月にあるかがみにむかって光をはっしゃし、その光がもどってくるまでの時間を計るのです。光のすすむはやさはわかっているので、月にとどく時間がわかると、月までのきょりがわかるということです。

さて、②月がわたしたちについてくるように思うのには、ほかにも理ゆうがあります。夜の道を歩いていても、星がついてくるとはなかなか思いません。なぜ月だけがそう思えるのかというと、大きくて明るい月は夜空ではとても目立つからです。だから、月のことが気になって、ついてくるようにかんじるのです。

いつもは、なにげなく見上げている夜の空にも「なぜ」と思うことがたくさんあります。月のほかにも、いろいろな「なぜ」をさがしてみてください。

れんしゅう③

1 人間がはじめて月に行ったのはいつですか。

１９６９年

2 人間は何にのって月に行きましたか。

アポロ11ごう（というロケット）

3 ――①「その」とは何のことでしょう。

月

4 月までのきょりをはかるため、月に何をおいてきましたか。

（とくべつな）光をはねかえすかがみ

5 ――②とありますが、月がついてくるように思える、もう一つの理ゆうを書きましょう。

大きくて明るい月は夜空ではとても目立つから。

説明文の読解　●読む力　●思考力

103　102

1・**2**

第二段落の始めに「１９６９年、アポロ11ごうというロケットにのって、人間ははじめて月に行き」とあることから、**1**の答えは「１９６９年」、**2**の答えは「アポロ11ごう」。

3 指示語の問題です。どこの上に人間が立つことができたのか、傍線部直前から探すと、「人間ははじめて月に行き」とあるので、答えは「月」。

4 第二段落に「地きゅうから月までのきょりをはかるために、とくべつな光をはねかえすかがみを月においてきました」とあるので、月に置いてきたのは「光をはねかえすかがみ」。地球からその鏡に向かって光を発射し、戻って来るまでの時間を計ると、光の進む速さはわかっているので、月までの距離がわかるのです。

5 第三段落冒頭に「さて」とあるので、ここから話題が変わることがわかります。前ページで、月がついてくるように思える理由として、月が遠くにあるからだとわかりました。ここではもう一つの理由です。理由を表す論理語に着目して読んでいくと、「大きくて明るい月は夜空ではとても目立つから」と、「から」があるので、ここが該当箇所だとわかります。

苦手な子はスパイラル 小1レベル・ステップ11－2で復習しよう

14…1 どんな気もちかな

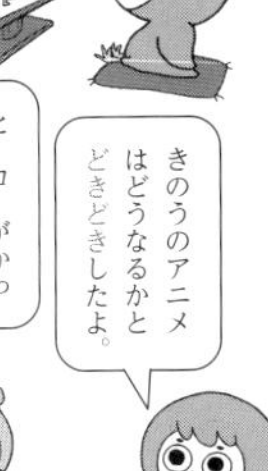

きのうのアニメはどうなるかとどきどきしたよ。
ヒーローがかったとき、とびはねてたものね。

どきどきは心ぱいしている気もちをあらわすことば、とびはねてはうれしい気もちをあらわすうごき。ほかにも話すことばから気もちがわかります。

れんしゅう① ――線のことばは、どんな気もちをあらわしていますか。記ごうに○をつけましょう。

①おにがやって来たらどうしようと、びくびくした。

ア おどろいている
（イ） こわがっている
ウ くるしがっている

②明日はゆう園地にいくので、うきうきしている。

（ア） たのしみだ
イ ありがたい
ウ かわいそうだ

れんしゅう② ――線のことばは、どんな気もちをあらわしていますか。記ごうに○をつけましょう。

①今日は、みんなで朝早くから公園のゴミひろいをすることになっているのに、ビッキーだけが来ません。「どうしたのかな。」と、みんなが言い出したころ、ふとんの中で、ねぼうしたビッキーが「また、やっちゃった。」と頭をかかえていました。

ア 頭がいたくてたまらない。
（イ） 何どもねぼうすることがなさけない。
ウ みんなにおこられるのがこわい。

②リンダがノンタにたのまれてカップラーメンのおゆをわかしました。ところが、ノンタはがまんできずに、そのまま食べてしまいました。「せっかく、わかしたのに。」リンダがノンタに大きな声で言いました。

ア わかしたおゆをどうしようかとこまっている。
イ おゆをわかしたことが、むだになってかなしんでいる。
（ウ） おゆをまたずにカップラーメンを食べたノンタにおこっている。

ステップ 14…1 どんな気もちかな

学習のねらい

物語の読解の練習をします。試験問題は長い物語文の一場面を切り取って作られます。まずはどんな場面かを正確に読み取ることが大切です。その上で、登場人物がどのような気持ちなのか、つまり、登場人物の心情を客観的に把握します。

しかし、物語文では登場人物の心情を説明することはほとんどありません。そこで、セリフや動作から心情を読み取る練習をしていきましょう。

れんしゅう①

①「びくびく」は、おそれている様子を表すオノマトペです。

②「うきうき」は、よいことを目前にして楽しくなっている様子を表すオノマトペです。

れんしゅう②

①「また、やっちゃった」とあることから、ビッキーは何度も寝坊をしたことがわかります。そこから、答えはイ。動作から心情を読み取る問題です。

②セリフから心情を読み取ります。「大きな声で言いました」から、「こまっている」「かなしんでいる」ではなく、ウ「おこっている」です。

苦手な子はスパイラル ⇒ 小1レベル・ステップ10で復習しよう

14…2

ものがたりを読む 場めんを読みとろう

ものがたりを読むのは大すきだよ。ワクワクするからね。
本をたくさん読むのは大切なことです。下のまきものをたしかめて、正しく読めるようになりましょう。

ものがたりでは、まず、お話の中にだれが出てくるのかたしかめて。そして、出てくる人たちが話すことばやどうさに気をつけて読むようにしましょう。

ものがたりを正しく読むために

一、場めんを読みとろう。
- だれが出てくるのかを、たしかめておこう。
- 場しょはどこか、何をしているのか。時間や天気のことも書いてあれば、おぼえておこう。

二、気もちを読みとろう。
- 話していることばや、うごきから、その人がどんな気もちなのかを読みとろう。

(れい)
今日はミミちゃんのたん生日です。げんかんのチャイムが鳴りました。きっと、お父さんです。ミミちゃんは、まちきれないように「わたしが出る!」と、ろうかにかけ出しました。

ミミちゃんのうれしそうな気もちがわかるね。

三、ようすを読みとろう。
- しずかなのか、にぎやかなのか、明るいのか、くらいのか……など、場めんのようすから、そこにいる人の気もちをそうぞうしてみよう。

106

ステップ14

れんしゅう①

つぎの文しょうを読んで、後のもんだいに答えましょう。

ある のうかの うらにわに あひるや、がちょうや、もるもっとや、うさぎや、いたちなどが すんで おりました。
さて、ある ひの こと がちょうの たんじょうびと いうので、みんなは がちょうの ところへ ①ごちそうに まねかれて いきました。
これで、いたちさえ よんで くれれば、みんな おきゃくが そろう わけですが、さて、②いたちは どう しましょう。
みんなは いたちは けっして わるものでは ない ことを しって おりました。けれど、いたちには たった ひとつ、よく ない くせが ありました。それは おおぜいの まえでは、いう ことが できないような くせで ありました。なにかと もうしますと、ほかでも ありません、おおきな はげしい おならを する ことで あります。

1 うらにわにすんでいたのは だれですか。五つ、書きましょう。

あひる、がちょう、もるもっと、うさぎ、いたち

2 ——①「ごちそうに まねかれて」いったのは なぜですか。

がちょうのたんじょうびだから。

3 ——②「いたちは どう しましょう」と、みんながまよったのは、なぜですか。□にあてはまるように書きましょう。

いたちには おおきな はげしい おならをするくせ(こと)があるから。

物語文の読解 ●読む力 ●思考力

107

ステップ 14…2

ものがたりを読む 場めんを読みとろう

学習のねらい

まず物語がどのような場面か、客観的に読み取る練習から始めます。物語文は過去や未来の話だったり、時には主人公が動物だったり、子どもたちの日常世界とは異なる世界を理解しながら読まなくてはなりません。それだけに根拠を探しながら読む客観的な読み方が要求されるのです。

れんしゅう①

1 第一文目に「あひるや、がちょうや、もるもっとや、うさぎや、いたちなどがすんでおりました」とあります。

2 傍線①の直前に「がちょうのたんじょうびというので」とあります。理由を答える場合は、末尾を「ので」「から」「ため」にします。

3 いたちを誕生会に呼ぶかどうか迷った理由としては、「いたちにはたったひとつ、よくないくせがありました」とあります。これだけだと、どんなくせなのか説明がありませんから後ろの文を探していくと、末尾に「おおきなはげしいおならをすることであります」とあります。空欄の前は「おおきなはげしい」があるので、答えは「おならをするくせ」となります。本来は前の「よくないくせ」を受けた言葉なので、「〜くせ」とまとめてほしいところですが、「おならをすること」でも正解です。

14-2 ものがたりを読む 場めんを読みとろう

れんしゅう②

つぎの文しょうを読んで、後のもんだいに答えましょう。

（前のページの少し後の文しょうです。）

（うさぎが、いたちのところに行って、おならをしないようにたのみました。いたちは、それをやくそくして、やって来ました。）

いろいろな　ごちそうが　でました。おからや、にんじんの　しっぽや、うりの　かわや、おぞうすいや。

みんなは　たらふく　たべました。いたちも　ごちそうに　なりました。

みんなは　いい　ぐあいだと　おもって　いました。いたちが　おならを　しなかったからで　あります。

しかし、とうとう、たいへんなことが　おこりました。①いたちが　とつぜん　ひっくりかえって、きぜつして　しまったのです。

さあ、たいへん。さっそく、もるもっとの　おいしゃが、いたちの　ぽんぽこに　ふくれた　おなかを　しんさつしました。「みなさん」と　もるもっとは、しんぱいそうに　して　いる　みんなの　かおを　みまわして　いいました。「これは、いたちさんが、おならを　したいのを　あまり　がまんして　いたので　こんな　ことに　なったのです。これを　なおすには、いたちさんに　おもいきり　おならを　させるより　しかたは　ありません」

やれやれ。みんなの　ものは　ためいきを　して　かおを　みあわせました。そして　②やっぱり　いたちは　よぶんじゃ　なかったと　おもいました。

（新美南吉「がちょうのたんじょうび」より）

おうちのかたへ
気持ちを読み取る問題では、自分の気持ちを根拠に答えてはいけません。登場人物の気持ちを読み取ることが目的であることに気をつけてください。必ず根拠となる動作やセリフがあります。

1 だされたいろいろなごちそうを、いたちはどうしましたか。

ごちそうになった。
（「たべた。」でも可）

2 ——①「いたちが　とつぜん　ひっくりかえって、きぜつして　しまった」のはなぜですか。□にあてはまるように書きましょう。

いたちが［おならをしたいのを（あまり）がまんして］いたから。

3 ——②のように思ったのはなぜですか。あてはまる記ごうに○をつけましょう。

ア　いたちがごちそうをたくさん食べすぎて、おなかがふくれて、きぜつしてしまったから。

イ　おいしゃがしんぱいしているみんなに、いたちにおならをがまんさせなさいとしかったから。

(ウ)　いたちがけっきょく、おならをすることになってしまったから。

れんしゅう②

自分の主観を入れずに、問題文を客観的に読み取っていきます。とくに登場人物がおかれている状況をチェックしながら読んでいきましょう。

1 次の段落に「いたちもごちそうになりました」とあります。

2 もるもっとのセリフに「いたちさんが、おならをしたいのをあまりがまんしていたのでこんなことになったのです」とあります。

3 ——②の主語である、みんなの心情を客観的に読み取ります。みんながため息をつきながら顔を見合わせたのは、もるもっとの「これをなおすには、いたちさんにおもいきりおならをさせるよりしかたありません」と言ったからです。

苦手な子はスパイラル 小1レベル・ステップ11－1で復習しよう

ステップ14

14-3 ものがたりを読む 気もちを読みとろう

つぎの文しょうを読んで、後のもんだいに答えましょう。

ある日のこと、ノンタがみんなに言いました。

「星をほうきではたいておとすと、あんパンになるんだって。だから、①星をおとしに行こうよ。」

ノンタは自しんがありそうに、むねをはっています。

「また、ばかなことを言って。」

みんなは、わらいながら口ぐちに言いましたが、ビッキーだけが②目をキラキラさせて、

「本当？　だったら、ぼくが③学校のやねにのぼって、空からおとしてあげるよ。あんパンがたらふく食べられるよ。」

と言いました。

「星をはたいておとせるのかな？　もし、そうなら見てみたいな。」

フクちゃんも言い出したので、みんなは、もし、星がおちてきてあんパンになったら、みんなでたくさん食べることができると思いなおしました。

「それじゃあ、ためしてみようか。」

そこで、その日の夜、学校の木の下にあつまることにしました。

ノンタは「あんパンが食べほうだいだなんて、ゆめのようだなあ。」と、うっとりと空を見上げました。

「④ノンタは本当にあんパンがすきなのね。」

ミミちゃんとリンダはあきれて、ふうっと大きくためいきをつきました。

れんしゅう①

1 ――①「星をおとしに行こうよ」と言ったのはなぜですか。

星をほうきではたいておとすとあんパンになるから。

2 ――②「目をキラキラさせて」とありますが、このときの気もちをえらんで、記ごうに○をつけましょう。

ア ノンタがばかなことを言ったので、かなしんでいる。

(イ) 星がおちて、あんパンになったらいいなとよろこんでいる。

ウ ありえないノンタの話をおもしろがっている。

3 ――③「学校のやねにのぼって、空からおとしてあげる」とありますが、おとしてあげるものは何ですか。

星

4 ――④「ノンタは本当にあんパンがすきなのね」とありますが、このように言ったときの気もちをえらんで、記ごうに○をつけましょう。

ア ノンタのあんパンへの気もちがわかって、なんとか星をおとしてあげたいと思っている。

イ ノンタがあんパンが食べほうだいだとしんじていることを、気のどくに思っている。

(ウ) ノンタがあんパンを食べることばかり考えているので、こまったものだと思っている。

物語文の読解 ●読む力 ●思考力

110　111

ステップ 14-3 ものがたりを読む 気もちを読みとろう

れんしゅう①

1 傍線前後を必ずチェックします。理由を答える問題ですが、直前に接続語の「だから」があります。「だから」の前が理由であることは、「文と文のつながり」で学習済みです。そこで「星をほうきではたいておとすと、あんパンになるんだって」が該当箇所だとわかります。答えの末尾を、理由を表す「から（ため・ので）」で終わることを忘れないように。

2 「目をキラキラさせて」という動作（表情）から心情を読み取る問題です。ビッキーが「あんパンがたらふく食べられるよ」と言っていることから、イが答えです。

3 空から落とそうとしているのは、星です。あんパンと答える子どももいるかもしれませんが、星を落としたらあんパンになるのですから、落とすのは星です。

4 セリフから心情を答える問題です。ミミちゃんとリンダの心情ですが、自分の主観で判断するのではなく、必ず文中の根拠から答えるようにしましょう。傍線部④の直後に「あきれて、ふうっと大きくためいきをつきました」とあることから、ウ「こまったものだ」が答え。

ステップ14

14-3 ものがたりを読む 気もちを読みとろう

つぎの文しょうを読んで、後のもんだいに答えましょう。

(前のページのつづきです。)

その日の夜、みんながあつまっているのに、ビッキーだけが来ません。

「おかしいな。やくそくをわすれちゃったのかな。」

①首をかしげていると、くらいやねの上からビッキーの声がしました。

「おーい、ぼくは②ここだよ。お昼のうちから、やねにのぼってまっていたんだ。」

目をこらすと、ビッキーがほうきをもってやねの上に立っていました。

「③ビッキー、もう、星をはたきおとしたの？」

ノンタがそわそわして聞きました。

「まあ、あわてないで。今、ほうきでおとしてあげるから。」

ビッキーは、何どもほうきを大きくふり回しました。でも、空から星がおちてくるようすはありません。みんながあきらめかけたその時です。空の星が一つ、つぅーとながれておちていきました。

「あっ、星がおちた。早く行ってあんパンをさがさなくちゃ。」

みんなが走りだそうとすると、目の前にリンゴ先生が立っていました。

「④あれは、ながれ星です。地めんにはおちません。それより、夜に子どもだけで出かけてはだめよ。」

リンゴ先生にそう言われて、みんなは頭をかきながら、「ごめんなさい。」とあやまりました。

1 ――①「首をかしげている」のときの気もちをえらんで、記ごうに○をつけましょう。

(ア) はりきっていたビッキーが来ないので、どうしてだろうとふしぎに思っている。

イ いつもちこくするビッキーのことだから、またちこくだと思っておこっている。

ウ 元気なビッキーが来ないのは、びょう気ではないかと心ぱいしている。

2 ――②「ここ」とは、どこのことですか。

（くらい）やねの上

3 ――③「ビッキー、もう、星をはたきおとしたの？」とありますが、このように言ったときの気もちをえらんで、記ごうに○をつけましょう。

(ア) ビッキーに早く星をおとしてもらいたくてたまらない。

イ ビッキーがもう星をおとしたのではないかときたいしている。

ウ ビッキーが星をおとしたのをかくしているのではないかと気がかりだ。

4 ――④「あれはながれ星です。地めんにはおちません」とリンゴ先生が言ったのはなぜですか。□にあてはまることばを書きましょう。

みんなが［ながれ星］と知らずに、星がおちて［あんパン］になったと思いこんで、おちた星を［さがしに］行こうとしたから。

物語文の読解 ●読む力 ●思考力

112 113

れんしゅう②

1 「首をかしげている」という動作から心情を答える問題です。直前の「おかしいな」というセリフから、ア「ふしぎに思っている」が答え。

2 直前に「くらいやねの上からビッキーの声がしました」とあることから、ビッキーはやねの上にいることがわかります。

3 セリフから心情を答える問題。このときのノンタの心情を読み取ります。イ「きたいしてる」と迷うかもしれませんが、傍線部③の直後に「ノンタがそわそわして」とあることから、ア「早く星をおとしてもらいたくてたまらない」が、答え。

4 このときの状況を整理しましょう。傍線部④の直前「みんなが走り出そうとすると」あるので、それを止めようとして、リンゴ先生が傍線部④のセリフを言ったのです。

では、なぜ走り出そうとしたのかというと、「あっ、星がおちた。早く行ってあんパンをさがさなくちゃ」というセリフから、「流れ星」を「あんパン」だと思いこんで、それを「さがしに」行こうとしたからだとわかります。

苦手な子はスパイラル　小1レベル・ステップ11－1で復習しよう

ステップ15

15…1 くらべてみよう

カスタネットとけんばんハーモニカだね。

どちらもがっきね。

二つのものをくらべて、同じところと、ちがうところを見つけましょう。ひょうにせい理すると、もののとくちょうが、よくわかります。

カスタネットはたたくだけだけど、けんばんハーモニカはひくのがむずかしいよ。

どんな音が出るかな。

それぞれのとくちょうを、ひょうにせい理しましょう。

どんなことをくらべるかをきめてから、ひょうにまとめましょう。

	カスタネット	けんばんハーモニカ
何のなかまか	がっき	がっき
音の出し方	手でたたく。	いきをふきこみながら、けんばんをおさえる。
出せる音	同じ音しか出ない。	おさえるけんばんによって、ドレミなどの音が出る。

カスタネットとけんばんハーモニカをくらべて、わかったことを文しょうに書きましょう。

カスタネットとけんばんハーモニカをくらべました。同じところは、どちらもがっきのなかまだということです。
ちがうところは、二つあります。一つは音の出し方で、カスタネットは、手でたたいて鳴らし、けんばんハーモニカはいきをふいて鳴らします。もう一つは、出せる音です。カスタネットは同じ音しか出ませんが、けんばんハーモニカはドレミなどの音が出ます。

おうちのかたへ
このステップでは、二つのものを比べ、それぞれの特徴を表に整理することと、それを文章に表す練習をします。すべての教科において、資料をまとめる力や、自分の意見を発表する力につながるので、作業の手順を含めて、しっかり身につけておきましょう。

比較問題 ●書く力 ●話す力 ●思考力

115 114

ステップ 15…1 くらべてみよう

学習のねらい

ここから思考力養成の問題が続きます。

図や表を提示する資料問題などが多く出題されるようになったのですが、これらは要点をつかみ、それを論理的に整理することで解決できます。

今回は二つのものを比較し、それらの特徴を整理し、図に表す問題です。二つのものを比べるときは、まず共通点を見つけ出すことが必要です。例えば、白い靴下と黒い靴下とは比べることができますが、白い靴下と赤鉛筆では共通点が見つけられないので、比較することができません。

「カスタネット」と「けんばんハーモニカ」は、「がっき」という共通点があるから、比較することが可能なのです。

表にまとめたら、今度はそれを文章にします。逆に言うと、表にまとめることでそれぞれの特徴を整理することができたから、論理的な文章が書きやすくなったのです。

文章を書くときは主語、述語、目的語をしっかりと意識しましょう。

15-1 くらべてみよう

れんしゅう

自てん車と一りん車をくらべます。絵を見て、同じところと、ちがうところをひょうにせい理しましょう。ひょうができたら、わかったことを文しょうに書きましょう。

	自てん車	一りん車
何のなかまか	のりもの	のりもの
車りんの数	二つ	一つ
道ろを走れるか	道ろを走ることができる	人や車がいる道ろは走れない

（れい）

自てん車と一りん車をくらべました。
同じところは、どちらものりもののなかまだということです。
ちがうところは、二つあります。
一つは車りんの数で、自てん車は二つで、一りん車は一つです。
もう一つは走る場しょで、自てん車は、道ろを走ることができますが、一りん車は、人や車がいる道ろを走ることはできません。

文しょうに書くときは、同じところと、ちがうところに分けて書きましょう。

同じところや、ちがうところがいくつかあるときは、「ちがうところは二つあります。」のように、いくつあるかを書くと、読むときにわかりやすいですね。

比較問題 ● 書く力 ● 話す力 ● 思考力

れんしゅう

「自てん車」と「一りん車」とを比べる問題です。共通点と相違点を整理しましょう。

共通点は「のりもの」であること。

相違点は車りんの数と、道路を走れるかどうかです。一りん車は基本的には人や車がいる道路では走れません。危険だからという、一りん車が道路を走れない理由も考えられるとよいでしょう。

次に、文章でまとめます。大切なことは、論理的に整理した上で、文章を書いたかどうかです。何も考えずにいきなり文章を書くのではなく、しっかりと整理してから書き出すようにしてください。

「自てん車と一りん車をくらべました」と、最初に話題を提示します。次に、共通点と相違点を分けて書きます。

相違点を書く場合は、まず相違点がいくつあるかを明示し、「一つは」「もう一つは」という論理語を必ず使うようにしましょう。

苦手な子はスパイラル → 小1レベル・ステップ12で復習しよう

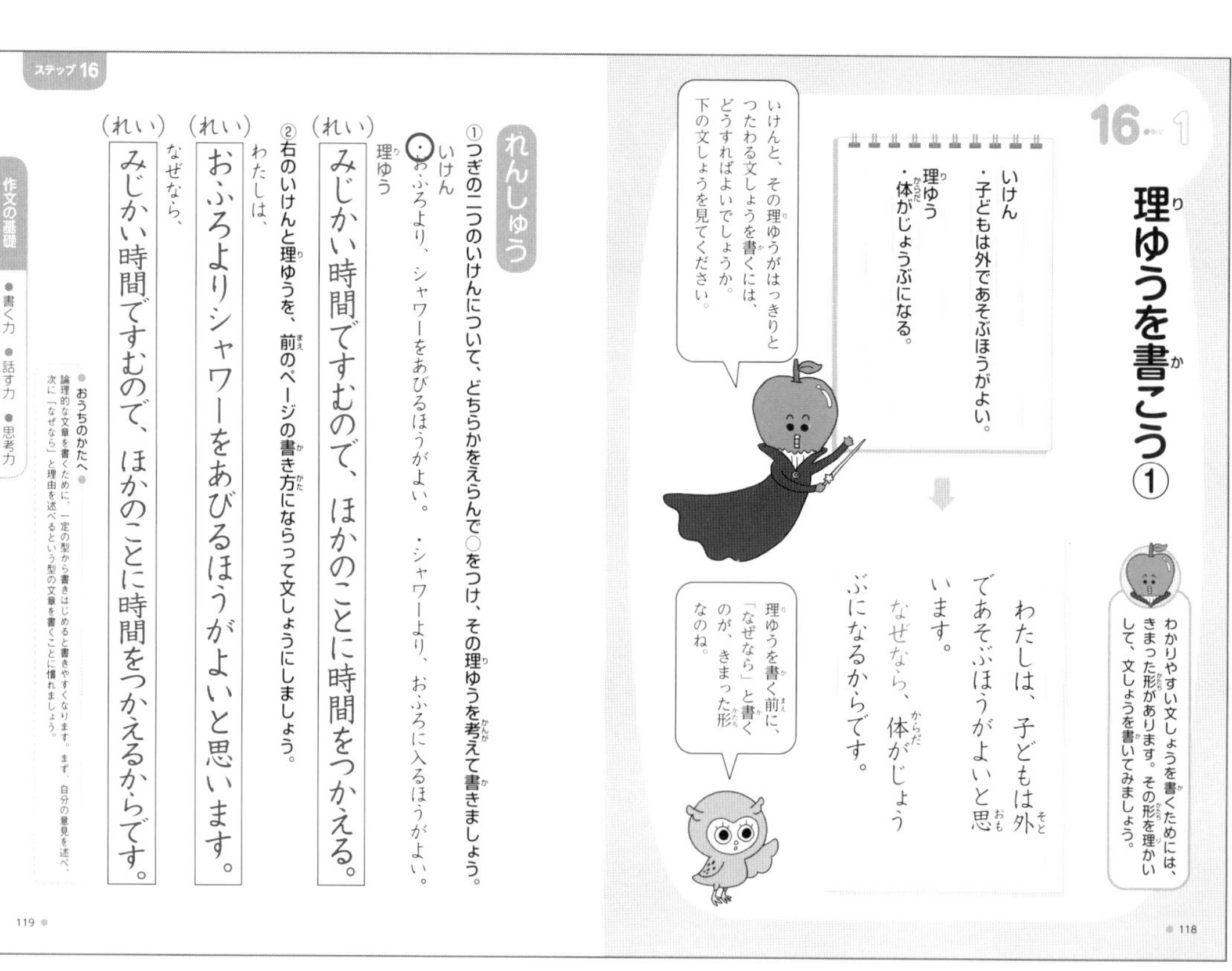

16…1

理ゆうを書こう①

わかりやすい文しょうを書くためには、きまった形があります。その形を理かいして、文しょうを書いてみましょう。

いけん
・子どもは外であそぶほうがよい。
理ゆう
・体がじょうぶになる。

わたしは、子どもは外であそぶほうがよいと思います。
なぜなら、体がじょうぶになるからです。

118

ステップ16

れんしゅう

①つぎの二つのいけんについて、どちらかをえらんで○をつけ、その理ゆうを考えて書きましょう。

いけん
○・おふろより、シャワーをあびるほうがよい。　・シャワーより、おふろに入るほうがよい。
理ゆう
（れい）みじかい時間ですむので、ほかのことに時間をつかえる。

②右のいけんと理ゆうを、前のページの書き方にならって文しょうにしましょう。

わたしは、（れい）おふろよりシャワーをあびるほうがよいと思います。
なぜなら、（れい）みじかい時間ですむので、ほかのことに時間をつかえるからです。

作文の基礎　●書く力　●話す力　●思考力

●おうちのかたへ●
論理的な文章を書くために、一定の型から書きはじめると書きやすくなります。まず、自分の意見を述べ、次に「なぜなら」と理由を述べるという型の文章を書くことに慣れましょう。

119

ステップ16…1 理ゆうを書こう①

学習のねらい

今回は「因果関係（理由づけ）」を使った作文を学習します。「子どもは外であそぶほうがよい」は、わたしの意見。それに対して、「なぜなら」以下はその理由です。このように理由を述べるときは、「なぜなら、～からです」という形を使って表すようにしてください。

子どもが論理を習得するには、ただ思いつくままに文を書かせるのではなく、一定の手順のもとに書かせる方が効果的です。

れんしゅう

①解答欄に、自分の考えの理由を書きます。理由としておかしくなければ、すべて○です。

②次に、理由を文章にします。そのとき、必ず「なぜなら、～からです」という形で書くようにしましょう。

《れんしゅうの別解例》

（「シャワーよりおふろに入るほうがよい」を選んだ場合）

①おゆにつかると体がよくあたたまる。

②（わたしは、）シャワーよりおふろに入るほうがよいと思います。
（なぜなら、）おゆにつかると、体がよくあたたまるからです。

理ゆうを書こう②

書き方は、前のページと同じです。これができるようになったら、理ゆうを三つにして書きましょう。

いけん
・本をたくさん読んだほうがよい。
理ゆう
・ことばをたくさんおぼえることができる。
・いろいろなことを知ることができる。

理ゆうが二つあるんだね。どう書けば、はっきりつたわるのかな。

わたしは、本をたくさん読んだほうがよいと思います。
その理ゆうは二つです。
まず、ことばをたくさんおぼえることができるからです。
つぎに、いろいろなことを知ることができるからです。

理ゆうの数を書いてから、「まず」、「つぎに」と、理ゆうをせい理して書くのね。

120

ステップ16

作文の基礎　●書く力　●話す力　●思考力

れんしゅう

①つぎの二つのいけんについて、どちらかをえらんで○をつけ、その理ゆうを考えて書きましょう。

いけん
○・クラスでウサギをかうとよい。
・クラスでウサギをかうのはよくない。

理ゆう（二つ）
（れい）学校に行くのが楽しくなる。
（れい）いのちの大切さを考えることができる。

②上のいけんと理ゆうを文しょうにしましょう。

わたしは、
（れい）クラスでウサギをかうとよいと思います。
その理ゆうは二つです。
まず、
（れい）学校に行くのが楽しくなるからです。
つぎに、
（れい）いのちの大切さを考えることができるからです。

121

ステップ16…2 理ゆうを書こう②

学習のねらい

次は理由を複数考える練習です。このときも、一定の書き方の型を使うようにします。はじめに相手に理由がいくつあるのかを明示したのちに、「まず～、つぎに～」と順序立てて理由を述べていきます。これにより相手も頭が整理された状態で理由を聞くことができるのです。

れんしゅう

①自分の考えの理由を二つ考えます。理由となるものであればすべて○ですが、二つの理由が混在したり、明確に分かれていないものは×です。理由を頭の中で整理できたかどうかがポイントです。

②次に、二つの理由を文にします。このときも「まず～、つぎに～」と理由を整理して書いていきます。「なぜなら」は必要ありませんが、必ず「～からです」と書くようにしましょう。

《れんしゅうの別解例》

（「クラスでウサギをかうのはよくない」を選んだ場合）

①・長い休みの間にせわをする人がいない。
・もし、しんでしまったら、とてもかなしい。

②（わたしは）クラスでウサギをかうのはよくないと思います。
（まず）長い休みの間にせわをする人がいないからです。
（つぎに）もし、しんでしまったら、とてもかなしいからです。

ステップ 17…1 間の文を考えよう

学習のねらい

①で客観的な状況を理解し、②から結論の③に至る因果関係を考えさせる問題です。複数解の可能性があるのですが、単なる思いつきでなく、因果関係が成立しているかどうかが大切です。

1コマ目では、ジェットコースター乗り場に多くの人が並んでいます。二人の様子から、最初はジェットコースターに乗ろうとしていたことがわかります。しかし、3コマ目ではフクちゃんとミミちゃんは観覧車に乗ろうとしています。ということは、2コマ目では、ジェットコースターに乗ろうとしたけど、観覧車に変えようと考えに変化があったということです。

考えられる答えの例を挙げます。

- 「長い行列なので、並ぶのがいやだ」と言った。
- 時間があまりない。
- 観覧車の方が楽しそうだと思った。
- 故障でジェットコースターが動かなくなった。

なお、オーソドックスではない答えを言う子どももいると思います。たとえば、「実はミミちゃんがフクちゃんに遊園地の中を案内しているだけだった」とか。決して×にはできませんね。複眼的な思考力を育てるには、みんなと同じであることを強制してはいけません。自信を持って○にしてあげてください。

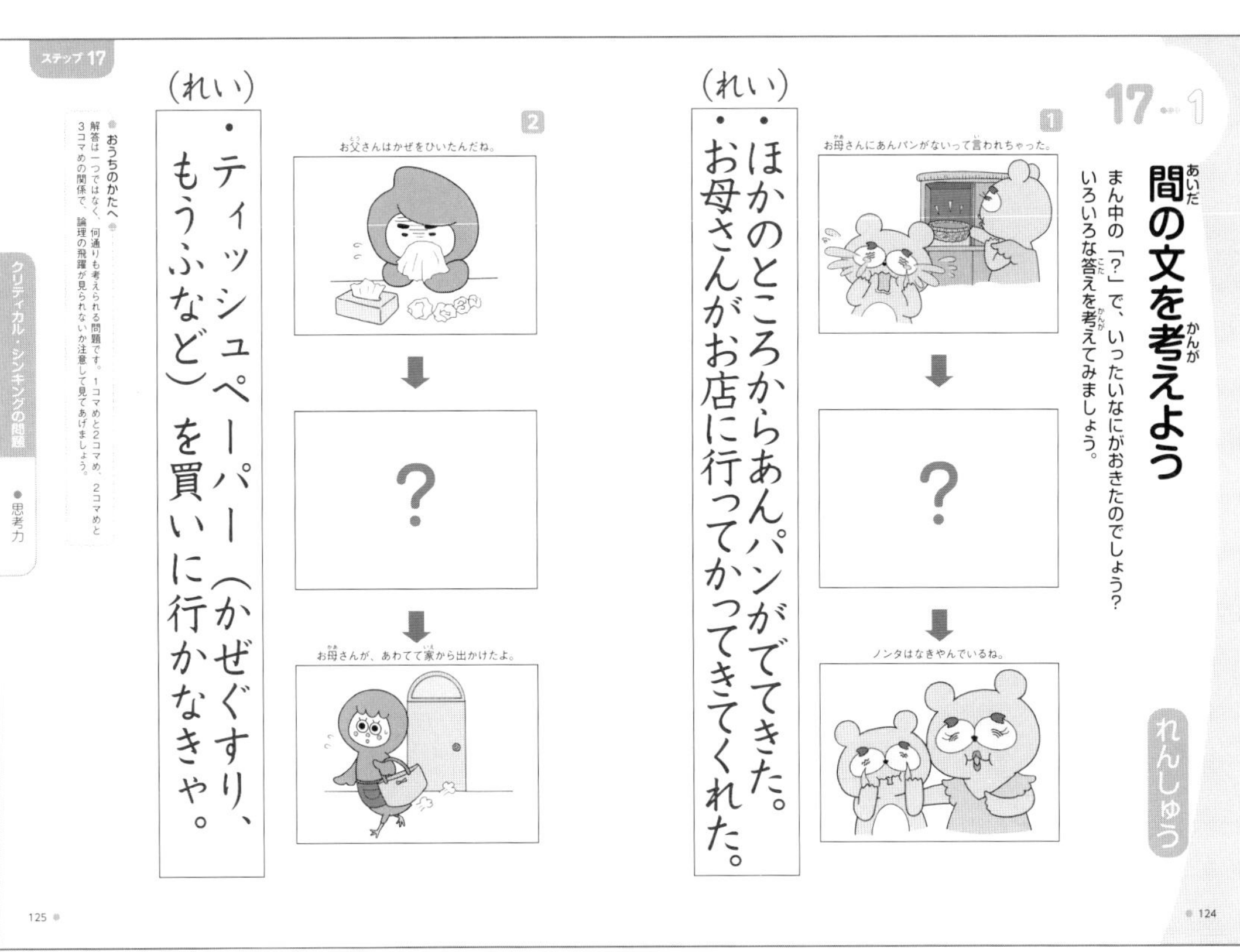

17-1
間の文を考えよう
まん中の「?」で、いったいなにがおきたのでしょう?
いろいろな答えを考えてみましょう。
れんしゅう
1
お母さんにあんパンがないって言われちゃった。
?
ノンタはなきやんでいるね。
（れい）
・ほかのところからあんパンがでてきた。
・お母さんがお店に行ってかってきてくれた。
124
ステップ17
2
お父さんはかぜをひいたんだね。
?
お母さんが、あわてて家から出かけたよ。
（れい）
・ティッシュペーパー（かぜぐすり、もうふなど）を買いに行かなきゃ。
おうちのかたへ
解答は一つではなく、何通りも考えられる問題です。1コマめと2コマめ、2コマめと3コマめの関係で、論理の飛躍が見られないか注意して見てあげましょう。
クリティカル・シンキングの問題
●思考力
125

れんしゅう

因果関係・理由を考える問題で、複数の正解の可能性があります。

1 1コマ目では、あんパンがないと知ってノンタが大泣きしています。しかし、3コマ目では、泣きやんでいます。ということは、2コマ目では、泣いていたノンタが泣きやむような何かがあったということです。その理由を考えましょう。

・お菓子をたくさんもらった。
・かわりにお母さんがラーメンを作ってくれた。
・パン屋さんに行って、あんパンを買ってくるように言われた。

など、一連の流れに無理がなく、因果関係が成立していれば、すべて正解です。

2 1コマ目では、お父さんがティッシュで鼻をかんでいます。机の上にたくさんティッシュが散らかっていることから、何回も鼻をかんだことがわかります。

3コマ目では、お母さんがあわてて家から出かけています。ということは、2コマ目では、お母さんが「何か出かけないといけない」用事に気づいたということです。その理由を想像させてください。

・栄養のある食べ物を買いに行かなきゃ。
・お医者さんを呼んでこよう。
・お父さんに代わりの用事を頼まれた。

など、因果関係が成り立っているなら、正解です。

ステップ17

17-2

いけんを書こう

つぎの文しょうを読んで、あなたのいけんをいろいろな立場から考えて書いてみましょう。

あなたは、朝、ねつを出したのでびょういんに行くためにバスにのりました。すると、自分がすわったせきの前に、山のぼりのかっこうをしたおじいさんが立ちました。

さて、あなたはおじいさんにせきをゆずりますか。

れんしゅう

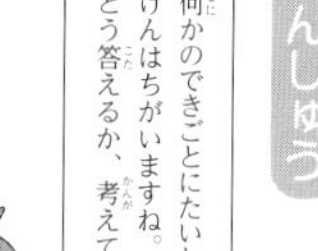

何かのできごとにたいして、人によっていけんはちがいますね。それぞれの立場で、どう答えるか、考えてみましょう。

ゆうせんせきじゃないから、すわっていていいはずだよ。
お年よりの前ですわっていたら、かっこうわるいわよ。

126

①右の文しょうを読んで、「せきをゆずる」という立場で、いけんを書きましょう。

いけん
わたしは、せきをゆずったほうがよいと思います。なぜなら、

（れい）
・バスの中で立っているのは、お年よりにはたいへんだと思うからです。
・年よりにせきをゆずらなくてもよいとなると、そのうちだれもゆずらなくなるからです。

②右の文しょうを読んで、「せきをゆずらない」という立場で、いけんを書きましょう。

いけん
わたしは、せきをゆずらなくてよいと思います。なぜなら、

（れい）
・山のぼりにむかうおじいさんより、ねつのあるわたしのほうがつらいと思うからです。
・むりをして立ってたおれたら、まわりの人にめいわくになると思うからです。

●おうちのかたへ●
考え方は、人によって異なります。自分と同じ考えの人がいれば、違う考えの人もいます。反対の立場からも考えることによって、より広い視野や考え方が身に付きます。ゆずる　ゆずらないの両方の立場で、理由を明確にして考えてみることが大事です。

クリティカル・シンキングの問題　●思考力

127

ステップ 17-2

れんしゅう

いけんを書こう

クリティカル・シンキングの力を養成する問題です。

クリティカル・シンキングにおいて大事なポイントがあります。

・前提状況を分析する。
・TPO（時・場所・場面）に応じて判断基準は変わること。
・ルール制定の趣旨に立ち返ること。

本問では上記に加えて、意見の異なる二つの立場から考えてみる練習をします。これによって「多角的にものを見る」力も養えるのです。

まず問題文を客観的に分析することが大切です。

一般的にはお年寄りには席を譲りなさいと子どもは教えられているはずです。しかし、その時々の状況によって、何が最も適切な判断なのか、自分の頭で考えなければなりません。ここでは絶対的な正解はないのです。

問題文を読むと、座っているのが子どもですから、本来はお年寄りの方に席を譲るべきだとわかります。

ところが、子どもは今病気で熱があるのです。

それに対して、おじいさんは朝、山のぼりのかっこうをしているのですから、登山に向かう途中であると判断できます。ですので、おそらく病気の子どもよりも元気である可能性が高いと思われます（状況分析）。

次に、ルール制定の趣旨に立ち返ってみます。

お年寄りには席を譲るべきとする考え方がなぜあるのか、その趣旨を考えてみましょう。「お年寄りは一般の方より身体が弱い可能性が高いから」ですよね。優先席には妊婦や病人、けが人も座っていいことになっています。つまり、「身体が弱い人を守ること」が席を譲る行為の真の目的とも言えるのです。

以上の二つを前提に、席を譲るか譲らないか、両方の立場から子どもに考えさせてください。

機械的にルールはルールだとして現実に当てはめる子どももいれば、状況に応じてルールは変化すべきだと考える子どももいるでしょう。さらに、後者のような弾力的な運用では、ルールとして定めた趣旨を損なうとする意見が出ることも考えられます。

①席を譲るべきだとする意見

おそらく最も多いのは、

・バスの中で立っているのは、やはりお年寄りには大変だから。

という理由でしょう。もちろん〇にしてあげてください。

ただ、少し深く掘り下げて、

・ルールを勝手に変えると誰もが守らなくなるから。

・山へ向かうバスなので、車が揺れると思われる。そんな中でお年寄りが立つのはやはり大変だと思うから。

・お年寄りのからだのつらさは経験していないので想像できない。であれば、自分が立っているべきだから。

などの答えをした子どもがいれば、より高く評価がされるべきです。

基本的には問題文中にある情報を手がかりに、合理的に理由を説明していれば〇としてください。

その他、周囲の目が恥ずかしいから。という意見も考えられると思います。

この考え方は、たしかに倫理的ではなく功利的ではありますが、「病気の状態を我慢してまで体面が大事」という主張も決して誤答ではありません。

②席を譲らないとする意見

こちらは、

・無理して倒れてしまったら、かえって周囲に迷惑をかけるから。

・山登りができるおじいさんより、病気の私の方がつらいから。

等の理由が多いと思われます。もちろん、〇にしてあげてください。

ただ、譲らない意見の中でも、

・これから山登りに向かう人より、病気のわたしの方が弱っている。お年寄りに譲る行為も本来弱い人に譲るために作られたのだから。

などとルール制定の趣旨に立ち返って理由を掘り下げた子は、高く評価してあげてください。

このように賛成・反対両方を考えることで、物事を多面的に考える力が養われるのです。

なお、これらの模範解答を完全に書ける小学二年生はおそらくいないでしょう。指導者の方は、完璧な答えを書かせることよりも、子どもに多角的な視点で物事を考える経験をさせることに学習の主眼を置くようにしてください。